DISCOURS

PRONONCÉ PAR

M. PAUL BERT

A L'OCCASION DU BANQUET

QUI LUI A ÉTÉ OFFERT PAR

LES INSTITUTEURS & LES INSTITUTRICES DE FRANCE

Le 18 Septembre 1881

SUIVI DE LA

LISTE DES SOUSCRIPTEURS AU BANQUET

ET DE CELLE DES

SOUSCRIPTEURS A LA MÉDAILLE ET AU BUSTE

PARIS

LIBRAIRIE PICARD-BERNHEIM ET Cie

11, RUE SOUFFLOT, 11

—

Propriété réservée

Librairie PICARD-BERNHEIM et Cie, 11, rue Soufflot. Paris

L'INSTRUCTION CIVIQUE A L'ÉCOLE
(NOTIONS FONDAMENTALES)
Par M. PAUL BERT

Résumés. — Exercices oraux et écrits. — Devoirs de rédaction. — Avec 75 gravures et cartes. Un joli vol. in-12, cartonné. **1 20**

Spécimen des gravures

A la veille du jour où va être inaugurée dans toutes les écoles primaires de France, et en vertu d'une loi dont il est l'auteur principal, l'instruction morale et civique, M. PAUL BERT a voulu achever son œuvre en composant ce petit livre dont nous extrayons de la préface les passages suivants :

« Le petit livre que je présente aujourd'hui au public a pour but de donner un
« corps à ces sentiments qui ont eu successivement l'approbation de la **Chambre**
« **des députés** et celle du **Sénat**. Il s'adresse aux élèves de nos écoles primaires,
« et, bien que rédigé sous la forme de leçons données dans une école de garçons,
« il est destiné également aux filles. Car, et j'insiste sur ce point, la con-
« naissance des droits et des devoirs civiques, des traits généraux de notre
« organisation sociale, et particulièrement des principes de liberté et d'égalité
« est tout aussi nécessaire aux femmes qu'aux hommes. Si ceux-ci doivent être
« citoyens actifs, celles-là doivent être mères et épouses de citoyens. Il importe
« que les uns et les autres aient des idées suffisamment élevées et suffisamment
« précises de la grandeur du rôle que chaque citoyen est appelé à jouer dans
« une démocratie. »

DISCOURS

DE

M. PAUL BERT

M. PAUL BERT
PROFESSEUR A LA FACULTÉ DES SCIENCES, A PARIS
DÉPUTÉ DE L'YONNE

DISCOURS

PRONONCÉ PAR

M. PAUL BERT

A L'OCCASION DU BANQUET

QUI LUI A ÉTÉ OFFERT PAR

LES INSTITUTEURS & LES INSTITUTRICES DE FRANCE

Le 18 Septembre 1881

SUIVI DE LA

LISTE DES SOUSCRIPTEURS AU BANQUET

ET DE CELLE DES

SOUSCRIPTEURS A LA MÉDAILLE ET AU BUSTE

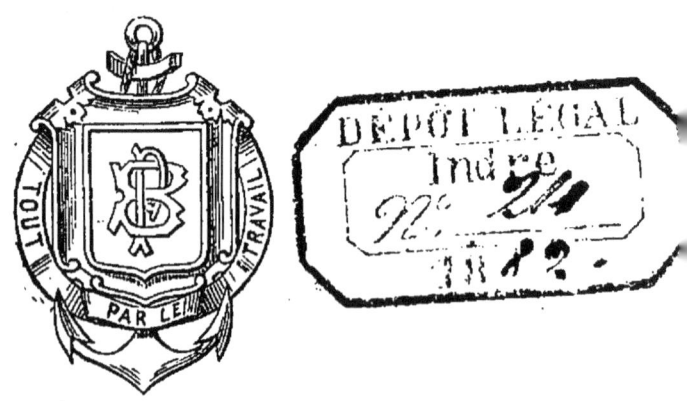

PARIS

LIBRAIRIE PICARD-BERNHEIM ET Cie

11, RUE SOUFFLOT, 11

Propriété réservée

Tout exemplaire non revêtu de notre signature sera réputé contrefait.

Picard-Bernheim & Cie

Châteauroux. — Typographie et Stéréotypie A. MAJESTÉ.

A LA MÊME LIBRAIRIE :

L'instruction religieuse dans l'École. Conférence faite par M. Paul Bert au Cirque d'Hiver, au profit de l'École laïque libre et de la bibliothèque du XXe arrondissement de Paris, le 2 août 1881, sous la présidence de M. Gambetta. — Jolie brochure in-18 jésus, imprimée avec soin. **75 c.**

NOTE DES ÉDITEURS

Un grand fait pédagogique s'est produit en France, le 18 septembre dernier. Pour la première fois, sur l'initiative partie de Paris, on a vu les Instituteurs accourir de tous les points de la France pour s'assembler en une grande fête de famille, dans un banquet fraternel qui aura été pour nos éducateurs populaires, à la fois si humbles et si dévoués, comme l'inauguration de *l'ère de la liberté.*

N'est-ce pas, en effet, un des grands bienfaits de la République que les maîtres de l'enfance puissent se réunir, se connaître et par là s'estimer, ou plutôt s'aimer et travailler d'un commun accord au progrès moral et matériel de leur patrie.

Le caractère de cette fête était encore rehaussé par l'idée qui l'avait fait naître. Il s'agissait de rendre un hommage solennel au plus ardent défenseur de l'Instruction nationale, M. PAUL BERT, en lui offrant son buste, accompagné d'un magnifique médaillon en bronze.

Le buste ressemble d'une manière frappante à l'éminent député de l'Yonne ; c'est l'œuvre d'un jeune sculpteur de ce département, M. Cadoux. L'effigie de M. Paul Bert, gravée en relief sur l'une des faces de la médaille, est due à un autre artiste de talent, M. Borrel.

Presque tous les départements ont pris part à la souscription, et le banquet a réuni près de cinq cents convives dans les salons du grand Véfour, au Palais-Royal.

Pendant toute la soirée, la plus grande cordialité n'a cessé de régner : on se sentait en famille.

Au dessert, M. Paul Bert, prenant la parole, s'est exprimé en ces termes :

« *Je me lève, messieurs, pour porter le premier toast des assemblées loyales, pour porter le toast au premier des servi-eurs de la nation, au* Président de la République Française !

» *Mais, messieurs, en portant le toast au magistrat, nous pouvons en toute sécurité de conscience républicaine, porter un toast au citoyen lui-même. Le président* GRÉVY *n'est pas de ceux qui acceptent la consigne de faire marcher la France ; bien au contraire, sa vie tout entière en témoigne, il a toujours tenu, il tient et il tiendra toujours à honneur d'être le plus fidèle des exécuteurs de sa volonté souveraine.* »

M. Delapierre, président du comité d'organisation, a bu à la santé de M. Jules Ferry, ministre de l'instruction publique.

« *On ne peut oublier,* a-t-il dit, *la lutte que M. Jules Ferry a soutenue en faveur de l'enseignement gratuit et obligatoire, en faveur surtout de la laïcité de nos programmes.*

» *On ne peut oublier le libéralisme du gouvernement que préside M. Jules Ferry, quand nous voyons les instituteurs réunis librement, sans qu'aucun mot d'ordre officiel ait été donné, dans cette fête démocratique et fraternelle.* »

Les instituteurs de l'Yonne ont rappelé les services que leur illustre compatriote a rendus à l'enseignement primaire et appris à l'assemblée que le professeur à la Sorbonne ne dédaigne pas d'exercer avec le plus entier dévouement les modestes fonctions de délégué cantonal à Coulanges-la-Vineuse.

La fête semblait devoir être très fertile en toasts ; mais, cédant aux désirs de l'assistance, M. PAUL BERT s'est levé de nouveau et pendant plus d'une heure, a tenu la salle entière sous le charme de sa parole.

L'important discours qu'il a prononcé en cette circonstance a obtenu un si vif succès que nous avons réclamé immédiatement l'honneur de le publier à nos frais, afin de le propager et de l'adresser à toutes les personnes qui l'ont entendu et qui, nous n'en doutons pas, seront heureuses de conserver un souvenir de cette fête mémorable.

Si, par leur empressement à manifester leur reconnaissance pour les éminents services qu'a rendus M. Paul Bert à la cause de l'enseignement, les instituteurs et les institutrices ont prouvé qu'ils étaient en tous points dignes des efforts tentés depuis quelques années pour améliorer leur situation morale et matérielle en même temps qu'élever et rendre accessible à tous l'*enseignement national* auquel ils ont consacré leur vie, nous, nous sommes heureux et fiers de pouvoir ainsi prêter notre concours à une œuvre qui nous a semblé éminemment louable et d'une haute portée patriotique.

PICARD-BERNHEIM ET Cie

A titre de documents, nous croyons devoir citer quelques-unes des appréciations de la presse pédagogique en Allemagne, au sujet du banquet du 18 septembre. On sait avec quelle attention jalouse et justement inquiète les journaux de cette sorte suivent les progrès de l'instruction en France sous le régime républicain.

Dans ses numéros des 27 octobre et 3 novembre 1881, la « *Pædagogische Zeitung* » de Berlin, rédigée par des instituteurs prussiens, consacre son *Premier-Berlin* au « Programme de M. Paul Bert ». Elle débute ainsi :

« *Paul Bert a prononcé un discours à un banquet que*
» *lui avaient offert 500 instituteurs et institutrices venus*
» *de toutes les parties de la France, pour le remercier*
» *de la part qu'il a prise aux réformes opérées dans*
» *l'enseignement.*

» *Ce discours montre clairement comment la démocratie
» française comprend le rôle de l'école — Paul Bert est un
» de ses orateurs les plus autorisés — et dans quelle voie
» elle se propose de conduire la réforme de l'instruction pri-
» maire.*

» *Cette question appelle d'une manière particulière l'at-
» tention de l'Allemagne où l'enseignement primaire est
» stationnaire s'il ne recule.* »

Vient ensuite la traduction presque complète du discours de M. Paul Bert.

La « *Pædagogische Reform* » de Hambourg, s'exprime ainsi dans son numéro du 11 novembre :

« *Il est certain que Bert représente les opinions de
» la majorité qui est actuellement au pouvoir. A un
» banquet qui lui fut offert par 500 instituteurs et institutri-
» ces, venus de toutes les parties de la France, pour le re-
» mercier de ce qu'il avait fait pour la réforme de l'enseigne-
» ment primaire, il a exprimé ses idées sur la situation de
» l'instituteur, dans un long discours qui n'occupe pas
» moins de 9 colonnes dans la* République française. »

(Viennent ensuite les principaux passages du discours.)

Et la « *Pædagogische Reform* » termine par ces mots :

« *Nous demanderons avec la* « Preussische Lehrer
» Zeitung » *que penseront les instituteurs prussiens lors-
» qu'ils liront cela.* » O Puttkammer ! Puttkammer !

LES MEMBRES DU COMITÉ D'ORGANISATION

A LEURS COLLÈGUES

Les Instituteurs et Institutrices de France

Vous savez, chers collègues, de quelle pensée est né le banquet du 18 septembre. Pour la première fois, ou peu s'en faut, les instituteurs et institutrices de France se trouvaient représentés à Paris par une assemblée formée d'un grand nombre d'entre eux, venus des quatre coins du pays. Pour la première fois, on les avait vus s'aviser de cette vérité si simple, **qu'ils ont tous à préparer une seule et même nation**, *et qu'il serait sage à eux, par conséquent, de s'entendre sur le but commun qu'ils doivent atteindre et sur les moyens propres à les y mener. Il nous a paru bon de consacrer par une fête la naissance de ces* **assemblées nationales d'Instituteurs.** *Nous sommes en train d'accomplir à notre tour notre Révolution : Révolution prévue depuis longtemps, prédite par* **Lakanal,** *et qui* n'est qu'une des phases attendues de la **grande Révolution Française** ; *Révolution pacifique*, tant elle est irrésistible et exigée par la volonté unanime de la nation. Comme l'autre, elle s'annonce par des actes d'émancipation : elle nous appelle à une vie plus indépendante et meilleure ; elle achève la délivrance du peuple souverain par la délivrance de ceux qu'on a appelés les éducateurs du souverain. Cette Révolution devait, elle aussi, avoir sa fête de la fédération. De là est née l'idée de **notre banquet,** idée que vous avez bien vite adoptée : grâce à vous, il en est sorti une fort noble et fort heureuse manifestation de notre union morale, de notre esprit de progrès, et de notre dévouement à la République.

Ce banquet, il nous avait semblé que nulle personnalité ne pourrait lui donner tout son sens, mieux que celle de **M. Paul Bert.** Il fallait à notre tête, en cette circonstance, l'homme qui a le plus fait, nous ne dirons pas pour améliorer notre condition, ce serait peu dire, mais pour la relever, en faisant comprendre à la France et à nous-mêmes le caractère civique et patriotique de notre rôle. Et puis, vous l'avez bien senti, en demandant à M. Paul Bert de présider notre réunion, nous avions encore une autre espérance : C'était de le voir prendre la parole, c'était de l'entendre exprimer avec la clarté supérieure du savant et avec l'autorité du législateur, les aspirations que chacun de nous sent au fond de lui-même. Vous savez, chers collègues, si cette espérance a été accomplie. Vous savez de quelle main magistrale a été tracé le cadre de nos **desiderata** et de nos devoirs, l'idéal que nous avons à réaliser.

Il fallait que le souvenir ne s'en perdît point ; il fallait qu'un monument demeurât, pour rappeler au public et à chacun de nous les engagements que nous avons pris en applaudissant à cette **déclaration des droits et des devoirs de l'Instituteur Français**. La voici, recueillie dans cette brochure : nous la confions à vos méditations.

Il restera encore de notre fête d'autres souvenirs durables : c'est d'abord un **buste** de M. Paul Bert, par un jeune sculpteur de grand avenir, **M. Cadoux**. C'est aussi une **médaille** due au beau talent de **M. Borrel** : cette médaille a été offerte à M. Paul Bert en votre nom à tous ; M. Borrel n'a pas voulu entendre parler d'une indemnité. Chacun des souscripteurs présents au banquet recevra une réduction de cette médaille, grâce à la générosité de **Mme Hess**. Enfin, nous ne terminerons pas l'énumération des bienveillances que votre œuvre a rencontrées, sans remercier **MM. Picard-Bernheim et Cie**, qui ont voulu éditer gratuitement cette brochure et l'envoyer à tous nos souscripteurs.

LE COMITÉ D'ORGANISATION.

MÉDAILLE

OFFERTE

A

M. PAUL BERT

DISCOURS

DE

M. PAUL BERT

M. Paul Bert. — Mesdames, messieurs, mes amis... *(Bravos)*, vous me comblez vraiment. Il n'y a qu'un instant, en entendant ces témoignages d'affection et ces démonstrations de reconnaissance, je cherchais en moi, et je me demandais avec une certaine angoisse quelles paroles je trouverais pour exprimer mes sentiments : et je n'en trouvais pas. Car, voyez-vous, le bonheur berce et endort l'esprit. *(Très bien! très bien! — Applaudissements unanimes.)*

Aussi je ne vous dirai qu'un mot. Je vous dirai : Merci ; ce vieux mot français qui exprime à la fois la gratitude profonde et la supplication de celui qui se sent accablé. *(Vifs applaudissements.)*

Je vous dirai : Merci. Merci d'abord à vous, mon cher président. Merci à vos collaborateurs qui ont eu, avec vous, la conception et l'initiative de cette fête, que jamais je n'aurais osé rêver. Merci à vous, qui parliez tout à l'heure et qui allez parler dans un instant encore. Merci pour ces toasts, pour ces discours, pour ces lettres, pour ces télégrammes qui me remplissent l'âme d'un trouble joyeux. Merci à vous tous, à vous et à ceux qui vous ont envoyés comme délégués, qui vous ont envoyés de tous les coins de la France, de toutes les régions de ce noble et cher pays, depuis les Pyrénées jusqu'aux Flandres, depuis la Provence jusqu'aux Vosges, depuis — j'en ai là la preuve — depuis la Vendée... *(Applaudissements)* jusqu'à cette héroïque et noble cité dont un patriote ne peut prononcer le nom sans un battement d'orgueil et d'espérance, jusqu'à Belfort l'invaincue. *(Explosion et salves d'applaudissements. — Cris nombreux et répétés de :* « Vive la France ! » *)*

Oui, merci à vous qui êtes venus à moi, la main tendue et le cœur ouvert, et à qui je ne peux que tendre les deux mains et tout grand ouvrir mon cœur. *(Vive émotion. — Applaudissements prolongés.)*

Oui, merci à tous ceux qui ont conçu, qui ont organisé, qui ont réalisé cette fête, unique jusqu'à ce jour dans l'histoire de notre instruction publique, qui unit à la solennité ardente des fêtes publiques la grâce discrète et attendrie des fêtes de famille, et qui doit rester pour moi comme le plus cher souvenir, comme la plus douce récompense de ma vie politique. *(Applaudissements.)*

Oui, merci. Mais si je ne mets nulle restriction dans l'expression de ma gratitude profonde, si je garde et si je réclame pour moi, avec un soin jaloux, et la joie ineffable du présent et la reconnaissance qu'aucun dévouement ne pourra payer, n'allez pas croire que je me laisse enivrer par toutes ces paroles et que je m'attribue à moi seul, que je garde pour moi seul, tout cet honneur que vous m'accordez aujourd'hui. Non, je le sais bien, je ne suis qu'un soldat dans le rang. Vous avez été prendre un soldat.....

Une voix. — Un général ! *(Applaudissements.)*

M. Paul Bert. — Vous avez été prendre, je le répète, un soldat dans le rang, un de ceux, je vous l'accorde, qui se sont le mieux battus. *(Rires et vifs applaudissements.)* Mais ce n'est qu'un soldat, et puisque vous protestez et que vous parlez d'officier, je vous rappellerai une des plus touchantes parmi les cérémonies militaires. Quand un régiment s'est héroïquement conduit au combat, savez-vous ce qui arrive ? Le chef de l'État décore le drapeau ; et alors, celui qui portait ce drapeau a lieu d'en être fier, mais il reporte l'honneur au régiment tout entier ! *(Applaudissements.)*

Je fais comme le porte-drapeau, et tout en gardant pour moi ma part légitime de récompense, je reporte la plus grande part de cet honneur au régiment tout entier.

Je le reporte tout d'abord à cette grande Commission de l'instruction primaire qui m'a fait successivement son président et son rapporteur, et dont les travaux ont fouillé, scruté jusque dans ses moindres détails, toute l'organisation de notre enseignement primaire, qui a rendu tant de services dans la législature qui vient de s'écouler et qui en rendra tout autant dans celle qui va s'ouvrir ; ... *(Applaudissements)* à cette grande Commission dont tous les membres sont connus et sont aimés de vous, et dont cependant je ne trahirai et ne livrerai à vos applaudissements que deux noms : l'un, parce qu'il est porté par l'un des hommes qui font le plus honneur à la France, à la démocratie, et dont l'illustration est européenne, par M. Louis Blanc ; ... *(Bravos unanimes. — Vive adhésion)* l'autre, parce qu'il a eu le mérite insigne et l'audace singulière de concevoir le premier et de soumettre aux délibérations du Parlement une réforme complète, une refonte entière de notre système d'enseignement primaire, et parce que toutes les fois qu'il s'est agi de vous, de vos intérêts, il s'est signalé parmi les plus ardents d'entre nous : vous avez reconnu mon ami Barodet. *(Applaudissements et cris de : « Vive Barodet ! »)*

J'en reporte l'honneur ensuite à l'Assemblée qui a nommé cette commission, à cette Assemblée qui a tant fait pour l'instruction publique et particulièrement pour l'instruction primaire, qu'il faut remonter, pour trouver son égale, jusqu'à la grande Convention *(Bravos)*, et qui, plus heureuse que l'Assemblée martyre et héroïque, a trouvé des successeurs qui continueront son œuvre. *(Oui ! oui ! — Adhésion générale.)*

Je le reporte encore au Gouvernement que nous avions à notre tête, et tout particulièrement, et en première ligne, à ce vaillant Ministre que vous applaudissiez tout à l'heure, et dont j'ai été, autant que qui que ce soit, à même d'apprécier et d'honorer l'énergique et infatigable persévérance *(Applaudissements prolongés)*; à celui qui avait la part la plus difficile et la plus compromettante, car il ne parlait pas, comme nous le faisions, nous, devant une assemblée à majorité favorable, mais devant l'Assemblée où l'ennemi avait accumulé ses meilleurs et ses plus nombreux soldats... *(Oui ! oui ! — Très bien ! très bien !)* à celui, messieurs, que vous applaudissiez et que vous avez raison d'applaudir de nouveau.

Et enfin, la part la plus grande, ah ! c'est à la République qu'il faut l'attribuer ! *(Applaudissements prolongés et cris* : « Vive la République ! »*)*

A la République, qui, faisant de chaque citoyen à la fois un gouvernant et un gouverné, exige de lui le maximum de développement de ses facultés intellectuelles, ainsi que la connaissance approfondie de ses droits et de ses devoirs civiques ; à la République, pour qui l'instruction est le premier des moyens d'action, ou plutôt à qui l'instruction sert de base fondamentale *(Applaudissements)* ; à la République, qui doit aimer l'école et l'instituteur comme l'usine et l'ouvrier qui lui fournissent sa matière première, c'est-à-dire le citoyen !

Voilà ceux à qui revient la plus grande part de l'honneur de cette cérémonie d'aujourd'hui ; voilà ceux à qui, en votre nom, je transmets l'hommage de votre reconnaissance et de votre respect. *(Très bien ! très bien ! et vifs applaudissements.)*

Et puis, voulez-vous que je vous dise, et que je vous parle en toute sincérité, faisant taire mes sentiments personnels qui pourraient faire illusion, vous parlant comme le ferait un spectateur indifférent, si toutefois je pouvais faire taire mon cœur pour me mettre dans cette situation ? eh bien, il vous revient, à vous aussi, une très grande part de cet honneur.

Et pourquoi cela ? Est-ce seulement, comme on le disait tout à l'heure, parce que vous avez su vous réunir, vous grouper, pour donner à ceux que vous considérez comme vous ayant rendu de grands services, une marque d'estime ? Ce serait déjà beaucoup. On a dit que la démocratie est ingrate : c'est un bruit qu'ont fait courir ceux qui ont voulu lui faire payer trop cher leurs services... *(Rires et applaudissements.)* Mais ce n'est pas de la généreuse démocratie française et, en tous cas, ce n'est pas de vous, démocratie éclairée, qu'on pourrait le dire !

Mais ce n'est pas seulement pour cela : non, c'est

pour une raison bien supérieure. Car enfin vous parlez de reconnaissance, vous vous réunissez pour exprimer votre gratitude, mais qu'a-t-on donc fait pour vous ? et quelles raisons d'ordre matériel — qui diminueraient la valeur morale de cette manifestation — quelles raisons d'ordre matériel peuvent donc être données ? Qu'a-t-on fait pour vous ? A-t-on légalement changé votre situation, amélioré vos traitements ? Légalement vous a-t-on enlevés à la tyrannie, à la surveillance du prêtre ?... *(C'est cela ! — Très bien ! — Applaudissements prolongés.)*

Non ! tout cela n'a pas été fait ; et ce qu'il y a de grand dans votre situation, c'est que ce que vous venez récompenser, ce sont des intentions, ce sont des dévouements affirmés, ce ne sont pas des actes, ce ne sont pas de vrais services rendus.

Sans doute nous avons fait quelque chose ; mais qu'y avez-vous gagné ? Sans doute nous avons voté, par exemple, une loi des retraites qui vaut mieux que l'ancienne, sans être parfaite, tant s'en faut. Sans doute la Chambre a voté une loi qui améliore vos traitements ; mais cette loi heurte timidement à la porte du Sénat. *(Rires.)* Sans doute le budget de l'instruction a été considérablement augmenté ; mais vous, personnellement, vous ne profitez pas de cette augmentation. Nous avons supprimé la lettre d'obédience ; mais en même temps nous avons augmenté les exigences du brevet qui est imposé à vos collègues et que vous possédiez déjà. Nous avons amélioré les programmes ; mais nous avons ainsi augmenté d'autant les difficultés de votre tâche. Sans doute nous avons voté la gratuité ; mais ce faisant, nous avons diminué les ressources d'un grand nombre d'entre vous, sinon dans le présent, du moins dans l'avenir. *(Marques d'assentiment.)* Nous avons voté l'obligation, mais nous vous imposons par là un surcroît de besogne... *(Tant mieux ! — Nous l'acceptons.)* Vous êtes encore, à l'heure où je parle, soumis à l'inspection dans votre école, en vertu des fameux articles 18 et 44 que vous connaissez comme moi, à l'inspection du prêtre. *(Oui ! oui ! — Bravos et applaudissements.)* Et encore aujourd'hui, seuls parmi tous les fonctionnaires, vous n'êtes pas soumis à vos chefs légitimes et naturels, vous êtes encore matière révocable à merci par un préfet, sans appel, sans recours, sans raison donnée !

Alors, pourquoi donc vous réjouissez-vous, vous qui souffrez encore ? et pourquoi donc remerciez-vous, vous pour qui l'on n'a rien fait ? *(Rires et applaudissements. — Plusieurs voix : Si, on a fait !)*

Oh ! je vais vous le dire, soyez tranquilles, je l'ai bien compris, vous n'avez pas besoin de me souffler ! *(Hilarité générale).*

Oui, je vais vous le dire. C'est qu'en effet il y a quelque chose de changé, c'est l'atmosphère, rien que cela !... *(Rires.)* C'est que si la loi reste la même, l'application de la loi n'est plus la même; c'est que si le curé donne encore des notes sur vous, ce ne sont plus ces notes qui dirigent votre avancement, et vous pouvez rire de ses menaces ! *(Rires et applaudissements)* C'est que si votre traitement n'est pas augmenté, si votre position matérielle n'est pas améliorée, vous sentez bien que votre situation morale a grandi, que votre rôle social est de mieux en mieux apprécié par les autorités et par la Nation. Et voilà pourquoi vous remerciez, et vous avez raison de remercier le gouvernement de la République.

Et puis, vous pensez bien que ce n'est pas fini !... *(Rires approbatifs et applaudissements)* que cela ne fait que commencer ! Vous connaissez les intentions de vos amis, vous vous réjouissez et vous chantez l'aurore d'un avenir nouveau. Voulez-vous que je vous dise ? Vous faites comme les oiseaux, le matin, aux premières lueurs de l'aube blanchissante ; ils s'agitent et chantent dans les branches, et saluent le soleil, bien avant que l'aurore ait empourpré l'horizon ! *(Sensation et applaudissements.)*

Oui, c'est ainsi que je comprends cette fête d'aujourd'hui. Je la considère comme un remerciement pour des intentions qui seront des actes demain, comme une sorte d'inauguration d'un état de choses nouveau.

Ah ! messieurs, vous avez raison d'encourager, de remercier vos amis. Il n'y a pas si longtemps que la grande et inéluctable nécessité de l'instruction primaire s'est imposée à tous les esprits. Ceux qui vivent de l'exploitation du corps et de l'âme du peuple n'avaient garde de l'avertir. Et quant au pauvre peuple lui-même, que vouliez-vous qu'il fît ? Il ignorait jusqu'à son ignorance. *(Applaudissements.)*

Vous connaissez le mot de Vauvenargues : « Ce qu'il y a de plus terrible dans la servitude, c'est qu'on finit par l'aimer ». On peut en dire autant de l'ignorance. Ah ! sans doute, les nécessités du suffrage universel, la marche du gouvernement républicain, ont dessillé les yeux et fait voir les aveugles. Sans doute, aujourd'hui, on ne voit plus l'audacieuse théorie de l'ignorance populaire s'afficher cyniquement ; je ne sais si elle ne se cache pas dans quelques conciliabules secrets, mais elle n'ose pas affronter la lumière.

Mais parmi ceux qui disent couramment, et comme une banalité, qu'il faut instruire le peuple, surtout dans une République, surtout dans un régime de suffrage universel, parce qu'il faut qu'il soit digne de la liberté et du pouvoir, — parmi ceux-là qui parlent ainsi, combien ont une conception vraie de ce que doit être l'enseignement à donner à ce peuple, et de la situation qu'il faut faire, parmi les serviteurs de la Nation, à ceux qui le donneront ?

Supposons que quelque Micromégas, cousin de celui dont Voltaire a conté l'histoire, revienne ici-bas, et fasse à notre terre française l'honneur de sa visite, et qu'il ait cette fois pour cicerone, non plus le secrétaire perpétuel de l'Académie des sciences, dédaigneux de ces petites choses, mais un député démocrate qui lui fasse visiter les écoles de France. Oh ! le député n'aura pas grand' peine à lui expliquer ce que c'est que la démocratie, à lui faire comprendre que le peuple, ayant le pouvoir tout entier dans la main, la fortune, la richesse, l'honneur, l'existence même de la patrie dépendent de l'usage qu'il en saura faire ; il n'aura pas de peine à lui démontrer qu'il est alors nécessaire de donner à ce peuple l'instruction suffisante pour qu'au moment venu il puisse juger sainement des choses et des hommes. Puis, il lui expliquera, à cet habitant des astres, que, dans la nation française, bien rares sont les pères de famille qui peuvent donner à leurs fils cette instruction indispensable, si bien qu'ils sont obligés de choisir parmi eux le plus capable et le meilleur, afin de lui confier cette grande et noble mission de former avec leurs enfants des hommes et des citoyens. *(Vifs applaudissements.)*

Quand il aura expliqué cela à Micromégas, il me semble l'entendre, ce géant ; il répond : « Mais ce citoyen d'élite, que vous avez choisi entre tous, à qui vous avez donné la suprême fonction, ce père de famille adoptif de la cité, sans doute vous exigez beaucoup de lui comme capacité, comme civisme, comme moralité ; mais ensuite vous lui faites, je pense, une situation en rapport avec ses mérites et avec les services rendus? Dans votre intérêt même, dans l'intérêt de l'instruction de vos enfants, vous arrangez les choses de telle sorte qu'il n'ait nul souci du dehors et qu'il puisse se concentrer exclusivement sur son œuvre sublime, sans avoir à se préoccuper ni des nécessités du présent ni des nécessités de l'avenir quand les vieux jours seront venus ? Sans doute vous l'honorez entre tous et vous le placez au premier rang parmi vos hiérarchies sociales ? Sans doute l'école, cette maison de famille de la nation, c'est une belle, grande et vaste maison, aérée, spacieuse, agréable à voir pour l'enfant ? Vous y avez entassé avec profusion et sans compter, tout ce qui est nécessaire à l'instruction de cet enfant ? Et pour le programme de cette instruction, vous l'avez eu en grand souci ? Vous avez voulu qu'on lui enseigne, à cet enfant, la morale qui fera de lui un homme, la langue maternelle qui est le ciment de l'unité nationale, la littérature de son pays, son histoire, l'essence et la nature des institutions qui le régissent ; qu'on lui enseigne l'amour et le respect des lois consenties, comme elles le sont dans une démocratie, par les libres délégués du peuple souverain ? Et ensuite, comme il s'agit de ce qu'il y a de fondamental, vous venez de me le dire, dans l'organisation sociale, vous versez sans doute l'argent sans compter, et le service de l'instruction primaire tient la première place, forme la plus grosse partie de ce que vous appelez vos budgets ? » Voilà ce que dirait Micromégas. *(Rires et applaudissements.)*

Oui, mais s'il prend son rôle de visiteur au sérieux, s'il examine les choses de près, je demande ce qui dominera en lui, de la surprise ou de l'indignation.

« Comment ! dira-t-il, un septième de vos enfants ne met jamais les pieds dans l'école ? Comment ! un quart ou peut-être un tiers y restent au plus deux années ? Comment ! la majorité sort de l'école ne connaissant que la lecture et l'écriture, et quelquefois l'horreur de la lecture et de l'écriture ? *(Rires et bravos.)* Comment ! ces enfants quittent l'école sans rien savoir du monde physique qui les entoure, sans rien connaître de la société dont ils feront partie et au milieu de laquelle ils vont voter et légiférer ? Comment ! une fraction considérable des maîtres de ces jeunes citoyens obéit à des lois qui ne sont pas les lois de la Nation, à des chefs qui sont des étrangers... *(Salves d'applaudissements)*, et fait profession publique de mettre les intérêts de sa secte au-dessus des intérêts de la patrie ?

« Comment ! votre instituteur, ce citoyen choisi entre les meilleurs, est aux prises avec les difficultés de la vie ; il est obligé de se charger de besognes secondaires et parasites qui lui prennent son temps et diminuent sa dignité ? *(C'est cela ! — Bravos répétés.)*

« Comment ! dans votre maison d'école, les enfants s'entassent sans souci de l'hygiène, trois fois plus nombreux que leur maître ne peut utilement en diriger et en instruire ? Comment ! votre budget est le plus petit des budgets parmi ceux qui s'alignent dans le gros budget de l'État ? Mais que faites-vous donc ? N'avez-vous pas le souci de la gravité de la situation ?

Ne sentez-vous donc pas que le temps des semailles est venu, qu'il faut amender le sol et mettre le soc en terre, si vous voulez avoir à temps votre récolte de citoyens ?... *(Applaudissements et acclamations.)* Car si elle ne vient pas, sachez-le bien, c'en est fait de la démocratie, de la République et de la Patrie. » *(Adhésion unanime.)*

Sans doute, le député démocrate n'aurait pas été embarrassé pour répondre ; il aurait fait valoir les difficultés des hommes, des lieux, des choses, de l'argent ; il aurait parlé des millions votés par centaines, des programmes refondus, des écoles normales et primaires sortant de dessous terre sur tous les points du territoire, de la situation morale de l'instituteur grandissant tous les jours ; et puis, s'il avait voulu se défendre par l'offensive, ce qui est la meilleure des tactiques, et montrer sur le vif les progrès réalisés, il aurait été trouver quelque instituteur à barbe grise, il l'aurait amené devant Micromégas et il lui aurait fait raconter l'histoire des anciens temps — et pas de temps si vieux, de temps qui datent de dix années à peine, du commencement de la République. — Et l'autre aurait raconté alors toutes les grandes misères d'antan *(Applaudissements)*, il aurait montré l'école, cette masure, parfois cette écurie — les rapports officiels en font foi — mal aérée, mal éclairée, mal chauffée ; il aurait montré le mobilier scolaire, un véritable instrument de torture, le matériel d'enseignement nul, les livres réduits au catéchisme, à la Bible de Royaumont et au Psautier. *(C'est cela!)*

Il aurait montré le pauvre instituteur en sa misère, réduit à je ne sais quelles tristes professions, obligé de se faire bedeau, chantre, sonneur de cloches, fossoyeur. Et dans cette pauvre situation qui, si elle ne le faisait pas vivre, l'empêchait au moins de mourir de faim, il l'aurait montré comme le lièvre au gîte, l'oreille dressée et dormant l'œil ouvert, regardant si c'est le chasseur, le chien ou le faucon qui va fondre sur lui. *(Oui! oui! et applaudissements.)* Car, ce malheureux instituteur d'il n'y a pas vingt ans, ah! vous en avez connu, et vous savez ce qu'il était : jalousé dans sa place, qui ne le mettait cependant à l'abri que de la neige et du soleil, par le paysan courbé sur la terre et soumis à toutes les intempéries des saisons ; craignant M. le maire, M. le conseiller municipal, craignant madame la mairesse... *(Oui! — C'est cela! — Très bien! Rires et applaudissements)*, craignant le conseiller général, craignant le préfet et l'inspecteur lui-même, qui aurait dû être son défenseur naturel... *(Bravos. — Assentiment général)* et, par dessus tout, craignant le curé... *(Oui! oui! — Vifs applaudissements.)*

Une voix. — Et sa bonne ! *(Rires approbatifs et bravos.)*

M. Paul Bert... le curé qui a pour lui la haine de race, l'antagonisme instinctif de l'homme de foi contre l'homme de science, et qui lorsque, par malheur, à cette haine générale théorique il ajoutait une haine personnelle et pratique, savait, malgré le déplacement du pauvre instituteur, la faire voler à sa suite, comme l'aigle de Bonaparte, de clocher en clocher. *(Très bien ! très bien ! — C'est cela ! — Applaudissements unanimes.)*

Mais laissons là le passé, laissons Micromégas hocher la tête ; abandonnons cette pauvre école qui s'étiole à l'ombre de l'Église, et tournons-nous vers l'École de l'avenir, vers l'École libre et ensoleillée. *(Bravos.)*

Il est temps que tout change et se transforme, et l'école, et l'enseignement, et la situation du maître.

L'école d'abord. Ah ! je suis comme Micromégas : je la souhaite belle, je la souhaite splendide. Je voudrais voir en elle, jusque dans le plus petit des hameaux de France, la plus belle des maisons du village. Je voudrais qu'elle soit ce qu'était pour nos pères, aux âges de foi, l'Église, la plus belle maison aussi du village. Car elle est comme l'Église, à la fois un lieu consacré et un symbole.

L'École symbolise la science, grâce à laquelle l'homme scrute, dompte et domine pour son usage personnel toutes les forces de la nature, et à l'aide de laquelle il améliore et développe cette vie terrestre et tangible qu'il prend au sérieux, et qu'il entoure de comfort et de joie.

L'autre, l'Église, symbolise la foi, reine des temps obscurs et passés, la foi qui dédaigne cette terre, qui n'y voit qu'une vallée de larmes et qu'un lieu d'épreuves, qui fait des souffrances d'ici-bas la condition des récompenses d'en-haut ; la foi, qui marche ayant pour directrice, pendant tout le moyen âge, la mort et non la vie, la mort qui menait la danse macabre des squelettes joyeux ou désespérés...*(Applaudissements.)*

Mais laissons là le rêve. Voyons la réalité, voyons ce que nous pouvons et ce que nous voulons faire, c'est déjà beaucoup.

Ce que nous voulons, ce que nous pouvons faire, c'est l'école large, spacieuse, hygiéniquement disposée, divisée en salles de classes qui ne forcent chaque instituteur à avoir sous sa direction que les vingt ou trente élèves dont il peut utilement s'occuper... *(Applaudissements prolongés.)*... Les vingt ou trente élèves, je le répète. *(Oui! oui! et nouveaux applaudissements.)*

Nous y voulons un jardin, une cour, un préau couvert pour les libres ébats ; nous y voulons un chauffoir, pour que les petits enfants qui arrivent tout mouillés à l'école puissent y trouver quelque réconfort et sécher leurs vêtements, ce qui leur permettra d'écouter la leçon sans danger pour leur santé. Nous y voulons une gymnastique, où l'enfant exercera son corps et surtout apprendra à se servir de ses membres. *(Très bien!)* Nous y voulons un petit laboratoire, où l'on répétera devant lui les principales expériences des sciences qui ont enrichi l'humanité. *(Nouvelle approbation.)*

Nous y voulons un atelier où il apprendra à modeler, à dessiner, à manier les outils par lesquels l'homme s'est rendu maître des matières premières. Nous y voulons un mobilier scolaire qui ne soit pas un instrument de torture, et un matériel d'enseignement pour lequel rien ne sera épargné, Nous y voulons tout cela en abondance et nous l'y mettrons. *(Applaudissements.)*

Qu'est-ce que cela ? Affaire d'argent. La France n'est-elle pas assez riche pour payer l'instruction de ses enfants ? Et ce pays, dans lequel les millions affluent, ne pourrait pas faire cette dépense de premier établissement, cette mise en train de la véritable usine où se fabriquent ses citoyens ? Oui, nous voulons ce matériel d'enseignement, des cartes, des globes, des tableaux d'histoire, des collections d'histoire naturelle, des instruments de physique et de chimie, des modèles, des produits industriels, des livres, des bibliothèques... et des fusils. *(Oui ! oui ! — Très bien ! — Bravos répétés.)*

Oui, le fusil, le petit fusil, que l'enfant apprendra à manier dès l'école, dont l'usage deviendra pour lui chose instinctive, qu'il n'oubliera plus et qu'il n'aura pas besoin de rapprendre plus tard. Car ce petit enfant, souvenez-vous-en, c'est le citoyen de l'avenir, et dans tout citoyen il doit y avoir un soldat, et un soldat toujours tout prêt. *(Adhésion générale.)*

Voilà pour l'école, et en même temps voilà presque pour l'enseignement, car dans cette matière vous en savez plus long que moi ; je ne puis que traduire votre propre pensée. Cette traduction, vous la connaissez du reste; l'article 1er de la loi qu'a votée la Chambre et qu'a votée le Sénat *(Rires et dénégations)*, ou qu'il votera, cela reviendra au même *(Hilarité)*, cet article 1er vous a édifiés sur nos intentions. Vous savez que ce qu'il a de plus caractéristique, c'est d'avoir résolûment écarté, éloigné de l'enseignement scientifique, sans permettre à aucune mesure subreptice de l'y faire rentrer, l'enseignement des matières religieuses ! Vous savez qu'à nos yeux tout diffère entre ces deux enseignements, le but, les moyens, les conséquences, et que par suite ils doivent être donnés par deux hommes distincts, dans deux locaux distincts. *(Applaudissements.)*

Ces hommes et ces locaux, véritablement, il n'est pas besoin de les inventer, ils existent : c'est l'instituteur et l'école d'une part, c'est l'église et le prêtre de l'autre. *(Vifs applaudissements.)* Cela est tellement évident, qu'il a fallu bien de la bonne volonté pour faire une confusion qui n'avait pas d'autre but que d'établir la domination du prêtre. *(Applaudissements.)*

Et puis, comme nous n'avons plus dans l'école le péché mortel pour définir le mal, et l'enfer pour lui donner une sanction *(Rires)*, il faut bien qu'enfin nous y organisions sérieusement l'enseignement moral.

Et ici les abstracteurs de quintessence s'exclament

de bonne ou de mauvaise foi. Il nous disent : Vous n'avez pas le droit de donner l'enseignement moral tant que vous n'aurez pas défini la base de la morale, tant que vous n'aurez pas catégorisé d'une façon nette ce qui est le bien, ce qui est le mal. Tant que vous n'aurez pas trouvé le mobile et la sanction, vous ne pourrez pas édifier votre enseignement moral. Et alors ils nous font cette condition étrange qui rappelle les contes de fées : il faut perforer à travers le marais de la métaphysique jusqu'à ce qu'on ait trouvé le roc solide, — s'il y en a un. *(Rires)*

A ceux qui sont de mauvaise foi en parlant ainsi, il n'y a qu'à tourner le dos. Quant aux autres, car il y en a, il faut leur répondre, et je leur réponds : Je vous connais. Vous avez, pendant des siècles, ralenti la marche de l'esprit humain. C'est vous qui, pendant tout le moyen âge, proclamiez qu'on ne pouvait pas faire de physique ni de chimie avant de connaître exactement ce qu'est la force et ce qu'est la matière, qui disiez qu'on ne pouvait pas faire de physiologie avant d'avoir démontré ce qu'est la vie et le principe vital. Vous nous avez longtemps retardés ; mais on a passé outre, et on a fini par s'apercevoir que si ces notions radicales pouvaient jamais arriver à notre esprit, ce n'est qu'après avoir étudié les faits contingents et matériels pour en observer les lois. Nous laissons là votre métaphysique, continuez à tourner votre roue d'écureuil ; quant à nous, nous avons fait une physique et une chimie qui se portent assez bien et qui font bonne figure dans le monde des sciences. *(Applaudissements prolongés.)*

Ce qu'on a fait pour les sciences physiques, on le fera pour les sciences morales *(Très bien! très bien!)* et les métaphysiciens continueront pendant l'éternité cet étrange jeu, qui ressemble à un jeu de bilboquet dont la boule n'aurait pas de trou ! *(Hilarité.)*

Voilà l'enseignement moral ; puis viendra l'enseignement des sciences, des sciences physiques et naturelles que nous avons introduites dans l'école, et qui apprennent à voir clair ; ce mot-là dit bien des choses et explique bien des protestations indignées de ceux qui aiment à rapiner dans l'obscurité. *(Rires et applaudissements.)*

Puis la langue nationale, l'histoire nationale, la littérature nationale ; la connaissance de nos institutions, des principes sur lesquels repose notre société démocratique ; en un mot l'enseignement civique. *(Applaudissements.)*

Ah ! messieurs, la grande Convention l'avait bien compris, quand elle vous a donné ce beau nom dont l'habitude de tous les jours a émoussé la noblesse, ce beau nom d'INSTITUTEURS, de fondateurs des institutions mêmes de la nation ; elle l'avait bien senti, elle avait vu que c'était là la vraie raison pour laquelle l'État a la charge et le devoir de l'instruction publique.

Oh ! je ne dis pas de mal de la liberté d'enseignement. Je n'y ai pas grande confiance... *(Rires)* et je la redoute beaucoup dans un pays où l'Église catholique toute-puissante sait mettre la main sur toutes les libertés pour en faire des instruments de servitude. *(Bravos.)* Mais enfin je reconnais que le maître d'école libre peut enseigner très convenablement les lettres et les sciences ; je reconnais qu'à la rigueur il n'est pas besoin là de l'intervention de l'État. Mais ce qui nécessite en définitive, je ne dis pas seulement ce qui justifie, l'école de l'État, l'instituteur de l'État, l'enseignement de l'État, c'est l'enseignement civique. *(Très bien ! très bien ! — C'est cela !)*

Peut-on comprendre une société qui permettrait qu'une fraction importante de ses enfants fût élevée en hostilité avec les principes sur lesquels elle repose, et qui, dès l'école, organiserait ainsi la sédition ? Eh bien, cette société aveugle et insensée, c'est la nôtre ! Messieurs, il est temps que cela finisse; il est temps : le sol tremble, le danger est partout ; il est partout, jusque chez ceux qui sont les gardiens de la loi, de la paix et de l'honneur national. *(Applaudissements.)*

Est-ce à dire que vous allez faire de la politique dans l'école, de la politique de tous les jours ? Est-ce à dire que vous allez donner votre opinion sur les catholiques blancs de la Vendée ou sur les catholiques rouges de Belleville ? *(Rires et applaudissements.)* Est-ce à dire que vous prendrez parti dans la composition des ministères, ou que vous discuterez sur les mérites ou les démérites des sénateurs inamovibles ? *(Hilarité générale.)*

Non ! non ! votre rôle est bien autrement élevé ! L'amour et le culte de la patrie tout d'abord, l'indépendance de la société civile, le respect de la souveraineté nationale, l'égalité dans l'accession à toutes les charges et en même temps à tous les droits, le respect de la liberté à tous les degrés, — voilà ce que vous serez chargés d'enseigner, voilà ce que vous aurez l'honneur d'être chargés d'enseigner. *(Bravos et applaudissements.)*

Et quand cela sera, vous nous ferez de vrais citoyens, toujours prêts, non pas sous une impulsion officielle, mais par l'élan généreux et spontané de leurs consciences, à défendre la liberté par le bulletin de vote, à défendre les frontières par le fusil ! *(Vifs applaudissements.)*

Mais cet instituteur dont nous parlons, dont nous allons ainsi agrandir le rôle, auquel nous attribuerons des devoirs nouveaux, sa situation doit grandir d'autant, dans l'ordre matériel et dans l'ordre moral. Il faut que dans l'ordre matériel, son traitement et sa retraite lui soient assurés ; il faut que dans l'ordre moral il ait la liberté dans la responsabilité.

Il y a longtemps que Lakanal l'a dit : Vous amènerez d'honnêtes gens à enseigner les enfants du peuple, à trois conditions : c'est que vous leur donnerez l'honnête médiocrité républicaine, disait-il, le stoïque personnage ; que vous leur assurerez la retraite pour leurs vieux jours, et que vous les inscrirez sur la liste des fonctionnaires publics. *(Très bien! très bien! et applaudissements.)*

Et bien, messieurs, ce que nous avons à faire, c'est ce que Lakanal demandait il y a 90 ans. Nous ne sommes pas ici pour discuter des chiffres de traitements, n'est-ce pas ? *(Non! non!)* Mais cependant il y a des principes généraux que je demande la permission d'indiquer.

Il faut, tout d'abord, que le traitement minimum suffise à l'instituteur, et qu'il permette à l'État de lui interdire ces fonctions parasites dont je parlais tout à l'heure. Il faut que le serviteur modeste mais dévoué et honnête de l'État, soit sûr, après un temps suffisant de services, d'arriver à une situation qui le place, lui et sa famille, à l'abri du besoin. Il faut que le serviteur d'élite, que l'homme distingué reçoive une récompense qui fasse de lui, pour le débutant, un exemple et un encouragement *(Vifs et unanimes applaudissements)*, et il faut qu'il puisse la recevoir sur la place même où il a rendu les services, afin qu'il ne soit plus ce que vous connaissez : un éternel Juif-Errant. *(Rires et bravos.)*

Il faut ensuite que la retraite n'attende pas l'épuisement des forces physiques et intellectuelles. Il faut qu'à une époque déterminée, et cela dans l'intérêt de l'instruction, plus que de l'instituteur, celui-ci puisse quitter une carrière trop pénible pour lui — le gendarme le fait bien — *(Rires)* sans perdre tout le fruit de ses 18 ou 20 années de travail.

Messieurs, la loi que nous avons votée à la Chambre des députés donne-t-elle satisfaction complète à tous ces désidérata? Vous me permettrez de ne dire ici ni oui ni non. Mais il est du moins un point sur lequel elle donne satisfaction complète à la justice, sur lequel je veux appeler un instant votre attention. Et qu'il me soit permis de m'adresser tout spécialement à vous, Mesdames les Institutrices ; ce que j'ai dit jusqu'à ce moment s'appliquait à vos collègues, les instituteurs, comme à vous, car tout vous était commun dans nos souhaits et dans nos remerciements. Tout vous est commun dans les charges nouvelles qui devront s'imposer aux fonctionnaires de l'enseignement, tout jusqu'à l'enseignement civique — excepté le maniement du fusil *(Rires)* — car si vos collègues sont chargés de faire des citoyens, vous êtes chargées, vous, de faire des citoyennes. *(Applaudissements)* Non pas, à coup sûr, des femmes désireuses de l'agitation des places publiques, et qui recherchent avec amour les émotions bruyantes des assemblées politiques ; non ! Je lisais il y a quelques jours un proverbe des vieux Mexicains d'avant Cortez, et ils disaient d'une façon charmante : « La femme doit rester dans la maison comme le cœur dans la poitrine. » *(Très bien ! très bien ! et applaudissements.)*

Oui, c'est dans la maison qu'elle sera citoyenne ; citoyenne avec son mari qu'elle encouragera, qu'elle aidera, qu'elle calmera, qu'elle conseillera ; citoyenne avec ses enfants dont elle fera des citoyens, et auprès de qui elle accomplira et continuera l'œuvre de l'instituteur. *(Bravos et applaudissements.)*

Eh bien, mesdames, puisque les mêmes charges et les mêmes devoirs vous sont imposés, puisque les mêmes responsabilités vous incombent, puisque les mêmes brevets, les mêmes certificats de capacité vous sont demandés à l'entrée dans les fonctions publiques, comment se fait-il donc que la rémunération de vos services ne soit pas la même ? On dit, je le sais, que vos besoins sont moindres et que vous vivez de peu. *(Rires.)* Je ne sais pas si c'est vrai, je ne le crois pas ; mais quand cela serait, ce serait tout simplement de la part de l'État chercher le plus triste motif à une exploitation véritable ! Non, à service égal il faut rémunération égale. La justice le veut ainsi, et la loi l'ordonnera bientôt. *(Applaudissements.)*

Voilà pour l'amélioration matérielle. Mais l'indépendance morale vous tient pour le moins autant au cœur. *(Assentiment général.)* Vous voulez, comme le dernier des charbonniers, être maîtres chez vous. Vous voulez que l'école ne soit plus un lieu où tout le monde commande, excepté peut-être l'instituteur, et où tout le monde pénètre. Vous voulez que vos inspecteurs soient d'abord, comme dans toutes nos administrations, vos défenseurs naturels jusqu'à preuve du contraire. *(Oui! oui! — Applaudissements.)* Vous voulez, si vous commettez quelque faute, ou si l'on vous en soupçonne, être jugés par des juges compétents, et vous voulez que la sentence soit rendue après débat contradictoire et non pas en vertu de quelque ukase secret et indiscuté. *(Bravos.)* Vous voulez enfin être, comme le disait Lakanal, des fonctionnaires de l'État, groupés, hiérarchisés, avec vos droits et vos devoirs, et par suite vos responsabilités nettement délimitées.

En tout cela vous avez raison ; la loi que nous avons votée vous donne satisfaction pour une de ces tyrannies politiques et religieuses contre lesquelles vous protestiez, pour celle du curé *(Bravos et applaudissements.)* Le projet de loi que nous avions préparé dans la commission vous donnait satisfaction sur tous ces points. Nous le reprendrons, messieurs. *(Nouveaux applaudissements.)*

Vous voyez — vous vous en doutiez un peu — que nous sommes d'accord *(Rires)* et que nous envisageons du même œil la réforme de l'école, de l'enseignement et de l'instituteur.

Nous voulons tous l'instituteur libre et honoré. Nous voulons tous une instruction complète, sérieuse, allant chercher l'enfant jusqu'au fond du dernier des hameaux, car tous les enfants ont égalité de droits aux yeux de la Nation. Nous sommes d'accord, et pourquoi le sommes-nous ? C'est parce que, tous, nous poursuivons d'une égale ardeur, d'un égal amour, d'un amour filial également passionné, je ne dis pas la régénération de la France, cela est fait, messieurs *(Applaudissements)*, mais le développement progressif, indéfini de sa grandeur, de sa fortune et de sa gloire, avec la pleine intégrité de sa liberté et de ses frontières. *(Acclamations prolongées.)*

Et c'est aussi parce que tous nous voyons dans l'École le lieu où se cimente l'unité nationale, où la langue commune, l'instruction commune, où le respect et l'amour de la patrie, de ses institutions, de ses lois, où les bases de la démocratie enseignées en commun, fondent dans une merveilleuse unité, sans leur faire perdre leur caractère d'originalité admirable, tous les éléments dont se compose cette grande, belle et incomparable nation... *(Applaudissements.)* C'est pour cela, messieurs, que dans cette communion de nos âmes, dans cette vibration harmonique de nos cœurs au sein de cette fête fraternelle, devant ces désirs patriotiques et ces généreuses espérances, je vous propose à tous de répéter avec moi les mots qui doivent être notre devise : PAR L'ÉCOLE, POUR LA PATRIE ! *(Applaudissements et acclamations prolongés.)*

COMITÉ D'ORGANISATION

MM.

DELAPIERRE, instituteur à Paris, *Président*
VIÉNOT, — — ⎱ *Secrétaires*
GIRAULT, — — ⎰
HOUSSIER, — — *Trésorier*
Morard, — —
Rouelle, — —
Pinel, — —
Berton, — —
Péreladas, instituteur à Auxerre
Arbinet, — —
Gillet, — —
Séguinot, instituteur à Paris
Designolle, — —
Baldon, — —
André, — —
Aubry, — —

MM[es]

Leclerc, institutrice à Paris.
Vialle, — —
Ferrand, institutrice à Auxerre
Paris, — —
Manigot, — —
Aubry, institutrice à Paris

SOUSCRIPTEURS AU BANQUET

INSTITUTEURS

MM

Arbinet, instituteur à Auxerre (Yonne), école du quartier Saint-Pierre.
Arbinet, instituteur à Joigny (Yonne).
Aubry, instituteur à Paris (école de l'avenue la Motte-Picquet).
Amilaht, instituteur en retraite, à Saint-Gratien (Seine-et-Oise).
Aubert, instituteur à Coulanges-la-Vineuse (Yonne).
André, instituteur à Paris (école de la rue Blomet).
Aman, instituteur à Paris, école de la rue du Poteau.
Baldon, instituteur à Paris, (école de la rue des Bourdonnais).
Bloys, instituteur à Tocane, délégué de la Dordogne.
Bonin, instituteur à Laroche (Yonne)
Balsacq, instituteur à Epineau (Yonne)
Baldon, instituteur à Paris.
Boisseau, instituteur à la Chapelle Saint-A. (Nièvre).
Bidault, instituteur à Châtres, (Seine-et-Marne).
Burillon, instituteur à Taverny (Seine-et-Oise).
Boulotte, instituteur à Chablis (Yonne).
Brigout, instituteur à Joigny (Yonne).
Boitel, instituteur à Paris (école de la rue Chomel).
Beau, instituteur à Lixy (Yonne).
Boucherie, instituteur à Cognac (Charente).
Bourdon, instituteur à Évreux (section de la Madeleine).
Bazuyaux, instituteur à Aniches (Nord).
Brunet, instituteur à Ivry (Seine).
Blin, instituteur à Irancy (Yonne).
Bocquet, à Paris.

MM.

Barrué, instituteur à Paris (école de la rue Lemercier) représentant les instituteurs et les institutrices de la ville de Châteauroux.
Berton, instituteur à Paris, représentant un groupe d'instituteurs et institutrices des Basses-Pyrénées et d'Algérie.
Bourdon, instituteur à Compiègne (Oise).
Barguet, instituteur à Fismes (Marne)
Bizet, instituteur à Paris, (école de la rue Boulard).
Bouet, institut. à Ste-Solange (Cher).
Boé, instituteur à Auch, (délégué du Gers).
Bocard, instit. à Crépand (Côte-d'Or).
Boll, instituteur à Paris (école de la rue Pajol).
Baudmont, instituteur à Nice (délégué des Alpes-Maritimes).
Bruneau, instituteur à Chassenouil (Vienne).
Bartier, instituteur à Paris (école de l'avenue de la Motte-Picquet).
Brétignière, instituteur à Amiens (Somme).
Brelay, professeur à Lausanne.
Baldon, instituteur libre à Paris.
Barberine, rue Moncey à Paris.
Braeunig, instituteur à Paris, école Alsacienne de la rue Notre-Dame-des-Champs.
Baras, instituteur à Liancourt (Oise).
Couhault, instituteur à Paris (école de l'avenue de la Motte-Picquet.)
Couvrot, instituteur à Chauny (Aisne).
Cayrouse, instituteur à Paris (école de l'avenue de la Motte-Picquet).
Chanlin, instituteur à Toucy (Yonne).
Chat, instituteur à Villeneuve-l'Archevêque (Yonne).

MM.

Capdevielle, professeur à l'association philotechnique, à Paris.
Coquin, instituteur à Egriselles-le-Bocage (Yonne).
Cuir, instituteur à Montgeron (Seine-et-Oise).
Choux, instituteur à Villefargeau (Yonne).
Callé, instituteur à Arcy-sur-Cure (Yonne).
Cochereau, instituteur aux Bordes (Loiret).
Colson, instituteur à Saint-Julien-du-Sault (Yonne).
Comte, instituteur à Paris (école de la rue Richomme).
Cornu, instituteur à Vénizy (Yonne).
Châlons, instituteur à Bernouil (Yonne).
Capronnier, instituteur au Grand-Fresnoy (Oise).
Chabasseur, instituteur à Paris (école de la rue Dombasle).
Choisy, instituteur à Neuville-sur-Seine (Aube).
Caillods, instituteur à Valentigney (Doubs), délégué de l'association des anciens élèves de l'école modèle de Montbéliard.
Cordillot, instituteur à Fourchambault (Nièvre).
Castillon, instituteur à Nice, délégué des Alpes-Maritimes.
Chouard, instituteur à Meaux (Seine-et-Marne).
Clerc, instit. à Pontarlier, délégué de l'arrondissement de Pontarlier.
Curchod, instituteur à Langres, délégué de la Haute-Marne.
Comte, instituteur à Sigogne (Charente), délégué du canton de Jarnac.
Constanty, instituteur à Souillac, délégué du Lot.
Delapierre, instituteur à Paris, école de l'avenue de Lamotte-Picquet.
Dumoulin, instituteur à Paris, école de la rue Chomel.
Deligne, instituteur à Brienon (Yonne).
Delaveau, rue du Four-Saint-Germain, à Paris.
Denis, instituteur à Essonnes (Seine-et-Oise).
Duval, instituteur à Paris, école de la rue de la Mare.
Devaux, instituteur à Gonesse (Seine-et-Oise).
Decaris, instituteur à Mareil-Marly (Seine-et-Oise).
Dumont, instit. à Maignelay (Oise).
Denisot, instituteur à Tribardou (Seine-et-Marne).
Dutoit, instituteur à Frouville (Seine-et-Oise).
Depetasse, instituteur à Fayl-Billot (Haute-Marne).
Dumesnil, instituteur à Hounecourt (Nord).

MM.

Dullerit, instituteur à Villejoubert (Charente).
Dancourt, instituteur à Notre-Dame-du Thil (Oise).
Darcheville, instituteur à Englefontaine (Nord).
Démoutier, instituteur à Bachant, (Nord).
Delrieu, instituteur à Hondouville (Eure).
Dubus, instituteur à Lille, délégué de l'association des anciens élèves de l'école normale de Douai.
David, instituteur à Lunéville, délégué de Meurthe-et-Moselle.
Dupré, instituteur à Saint-Maur-des-Fossés (Seine).
Desmoulières, instituteur à Bourges, délégué du Cher.
Décaux, instituteur à Englefontaine (Nord).
Dubois, instituteur à Orchies (Nord).
Debraine, instituteur à Chatou (Seine-et-Oise).
Designolle, père, instituteur à Bléneau (Yonne).
Designolle (Paul), instituteur à Paris, école de l'avenue de la Motte-Picquet.
Designolle (Ernest), à Paris.
Durville, instituteur à Bléneau (Yonne).
Daunay, instituteur délégué du canton de Romilly (Aube).
Deslandes, instituteur à Evreux, école professionnelle.
Dutilloy, instituteur à Paris, école de la rue Doudeauville.
Floriot, instituteur à Paris, école de la rue Lepic.
Fautras, professeur à l'école normale d'Orléans.
Ficatier, instituteur à Bassou (Yonne).
Faroux, instituteur à Creil (Oise).
Ferrand, rue de la Victoire, à Paris.
Fresnel, instituteur à Campeaux (Oise).
Fourcault, instituteur à Rambouillet (Seine-et-Oise).
Finot, instituteur aux Bordes (Yonne).
Fresneau, instituteur à la Souterraine, délégué de la Creuse.
Gillet, instituteur à Auxerre (Yonne).
Gauthier, instituteur à Tonnerre (Yonne).
Gouère, instituteur à Ozoir-la-Ferrière (Seine-et-Marne).
Gravier, instituteur à Rebourseaux (Yonne).
Girault, instituteur à Paris, école de la rue Fondary.
Gosse, instituteur à Ribecourt (Oise).
Gobert, instituteur à Tergnier (Aisne).

MM.

Gobert, institut. à la Capelle (Aisne).
Guttrou, à Paris.
Gombault, instituteur à Champigny (Aube).
Godin, instituteur à Marseille-le-Petit (Oise).
Gombault, Adolphe, instituteur à Saint-Mesmin (Aube).
Gerbaud, rue de Richelieu, à Paris.
Gerst, institut. délégué de Belfort
Gironde, instituteur à Pont-sur-Yonne (Yonne).
Gourdin, instituteur à Dieppe, délégué de l'arrondissement de Dieppe.
Gallais, instituteur à Tigery (Seine-et-Oise).
Guérin, instituteur libre à Paris, 179, rue du Faubourg-St-Antoine.
Gavaux, instituteur à Montbars, délégué de la Côte-d'Or.
Gondoin, instituteur délégué du canton de Nonancourt (Eure).
Gobier, instituteur à Villeblevin (Yonne).
Gilet, instituteur à Fontainebleau.
Guérineau, instituteur à La Chaise (Vendée).
Girard, instituteur retraité, à Montdoubleau (Loir-et-Cher).
Houssier, instituteur à Paris, école de la rue Dombasle.
Habert, instituteur à Paris, école de la rue Richomme.
Hutinel, instituteur à Genlis, délégué de la Côte-d'Or.
Hutin, instituteur à Villeneuve-s.-Dommartin (Seine-et-Marne).
Hallot, instituteur à Andeville (Oise).
Huot, instituteur à Chichery (Yonne).
Hacque, instituteur à Sérifontaine (Oise).
Houard, instituteur à Paris, école de la rue Saint Ferdinand.
Herlin, instituteur à Douai (Nord).
Hospied, instituteur à Neuvy-Sautour (Yonne).
Huré, instituteur à Neufmoutiers (Seine-et-Marne).
Hauducœur, instituteur à Chauvry (Seine-et-Oise).
Habonel, instituteur à Lussat, délégué du Puy-de-Dôme.
Huguenin, instituteur à Paris, école de la rue Fondary.
Huguet, à Paris, rue Cambon, 12.
Johnson, professeur de dessin, à Saint-Germain-en-Laye.
Jouanneau, instituteur à Paris, école de la rue Blomet.
Journée, instituteur à Paris, école de la rue Lepic.
Jardé, instituteur à Châtillon-en-Bazois (Nièvre).
Javey, instituteur, à Jouy-la-Ville (Yonne).
Jacq, instituteur à la Celle-sur-Loire (Nièvre).

MM.

Jacq, instituteur, à Dampierre-sur-Bouhy (Nièvre).
Juffin, instituteur à Aubervilliers (Seine).
Joret, instituteur à Angoulême
Jacquin, instituteur à Sarcelles (Seine-et-Oise).
Josselin, instituteur à Villeneuve-la-Guyard (Yonne).
Jurus, instituteur à Paris, représentant les instituteurs laïques du canton de Privas (Ardèche).
Kiffer, instituteur à Saint-Michel-sur-Orge (Seine-et-Oise).
Kaan, libraire-éditeur, 11, rue Soufflot, à Paris.
Lenoble, instituteur à Lorrez-le-Bocage (Seine-et-Marne)
Lallier, instituteur à Sainte-Geneviève-des-Bois (Seine-et-Oise).
Lamotte instituteur à Foissy (Yonne)
Lemoine, instituteur à Paris (école de l'avenue Duquesne).
Lavaquery, instituteur à Béthisy-Saint-Pierre (Oise).
Lemire, instituteur aux Trois-Puits (Marne).
Luzurier, maître-adjoint à l'école normale de Laon.
Liébert, rédacteur de *la Gazette du village*, rue Jacob, à Paris.
Landry, instituteur à Chef-Boutonne, délégué des Deux-Sèvres.
Larue, instituteur à Mont-Saint-Sulpice (Yonne).
Lucet, instituteur à Villebon (Seine-et-Oise).
Ledanois, instituteur à Louviers (Eure).
Lesire, instituteur à Charbuy (Yonne)
Lebas, instituteur à Chéroy (Yonne)
Laîné, instituteur à Coutances, délégué de la Manche.
Lombard, instituteur à Paris, (école de l'avenue de la Motte-Picquet.)
Legras, instituteur à Verneuil-sur-Oise (Oise).
Lejeune, instituteur à Saint-Quentin (Aisne).
Legras (Pierre), rue de Richelieu, à Paris.
Leclerc, instituteur à Paris, représentant les instituteurs du canton de Billom (Puy-de-Dôme).
Lubin, instituteur à Brou (Eure-et-Loir).
Lubin (René) instituteur à Brou (Eure-et-Loir).
Lourbet, instituteur à Frócillon, délégué des Basses-Pyrénées.
Laporte, professeur à l'école normale d'Auch, délégué du Gers.
Liénard, directeur d'école normale.
Léger, inspecteur primaire, représentant les instituteurs de la Roche-sur-Yon.
Lecomte, instituteur à Saint-Martin-des-Champs (Seine-et-Oise).

MM.

Leclerc, instituteur à Englefontaine (Nord).
Largillier, instituteur à Saint-Quentin, délégué de l'Aisne.
Lamarche (de) auteur de la méthode nationale, délégué des Vosges.
Lorinet, instituteur à la Garenne-Colombes (Seine).
Lavaquery, instituteur à Bresles (Oise).
Legrand, instituteur à Fontault (Seine-et-Marne).
Morard, instituteur à Paris, école de la place du Commerce.
Martin, professeur de gravure, école de l'avenue de la Motte-Piquet.
Merceris, instituteur à Baumont (Seine-et-Oise).
Milliard, instituteur à Ozoir-la-Ferrière (Seine-et-Marne)
Mouilbeau, instituteur à Fresneau, (Oise).
Mailly, instituteur à Tauxières (Marne)
Mouillard, instituteur à la Charité (Nièvre).
Mignot, instituteur à Champs (Yonne).
Maupoix, instituteur à Vaucouleurs (Meuse).
Magendie, professeur à l'école normale d'Orléans.
Moreau, instit. à Pailly (Yonne).
Meunier, instituteur à Vaudeurs (Yonne).
Malluile, instituteur à Villeneuve-sur-Yonne (Yonne).
Morard, instit. libre à l'Isle-Adam (Seine-et-Oise).
Ménétrier, instituteur à Treigny (Yonne).
Mauroy, instituteur à Sains (Aisne).
Maillard, instituteur à Granvillers (Oise).
Montagne, instituteur à Thorigny (Seine-et-Marne).
Michaux, instituteur à Buno-Bonnevaux, délégué du canton de Milly (Seine-et-Oise).
Mourier, instituteur à Angoulême, délégué de la Charente.
Marthe, délégué de l'association des anciens élèves de l'école modèle de Montbéliard.
Mojard, instituteur à Port-Marly (Seine-et-Oise).
Maréchal, inspecteur primaire, délégué de l'arrondissement de Bourges.
Musset, instituteur à Villeneuve-la-Guyard (Yonne).
Marciteau, instituteur à La Ferrière (Vendée), délégué de l'arr. de la Roche-sur-Yon.
Martin, instituteur à Saint-Quentin (Aisne).
Marsan, instituteur à Haget, délégué du canton de Miélan (Gers).
Mugnier, instituteur à Choye, délégué de la Haute-Saône.

MM.

Mesnard, instituteur au Quesnel-Aubry (Oise).
Minet, directeur de l'école professionnelle de dessin, rue Turenne à Paris.
Moreau, instituteur, délégué du canton d'Arcis-sur-Aube.
Nappé, instituteur à Paris, école de la rue de la Mare.
Noirot, instituteur à Courlon (Yonne)
Nouveau, instit. à Clamart (Seine).
Nalot, instituteur à Châteaudun (Eure-et-Loir).
Neveux, instituteur à Charleville, délégué des Ardennes.
Narcy, instituteur à Murlin (Nièvre).
Neau, instituteur à Challans (Vendée).
Péreladas, instituteur à Auxerre (Yonne).
Pinel, instituteur à Paris, école de la rue Bourg-l'Abbé.
Protte, instituteur à Villery (Aube).
Prot, instituteur à Ligny-le-Châtel (Yonne).
Prin, instituteur à Bussy-en-Othe (Yonne).
Poitevin, instituteur à Libermont (Oise).
Pinteaux, instituteur à Viarmes (Seine-et-Oise).
Plard, instituteur à Faremoutiers (Seine-et-Marne).
Paumier, instituteur à Montillot (Yonne).
Potay, instituteur, à Paris, école de la rue Fondary.
Pruvost, instituteur à Paris, école de la rue Dombasle.
Prod, instituteur à Montrouge (Seine).
Poirson, instituteur à Saint-Martin-sur-Ocreuse (Yonne).
Peltier, instituteur à Fougères-en-Puisaye (Yonne).
Peuvrier, Aster, instituteur à Paris, école de la rue Bignon.
Paquereau, instituteur à Quenne (Yonne).
Pillier, instituteur, délégué de l'arrondissement de Luçon (Vendée).
Pancher, instituteur à Paris, école de la rue des Pyrénées.
Pétré, instituteur à Saint-Quentin (Aisne).
Petitot, instituteur à Verrey (Côte-d'Or).
Pirlot, instituteur à Iré-le-Sec (Meuse).
Picard-Bernheim, libraire-éditeur, 11, rue Soufflot, à Paris.
Quillet, instituteur à Guérard (Seine-et-Marne).
Quérité, instituteur à Evreux (Eure), école professionnelle.
Rouelle, instituteur à Paris, école de la rue Pouchet.
Roux, instituteur à Pons (Charente-Inférieure).

3.

MM

Roger, instituteur à Bouilly (Aube).
MM. Rauber, instituteurs libres, rue Corbeau, à Paris.
Roguet, instituteur à Mouy (Oise).
Ransquin, instituteur à Compiègne (Oise).
Roquet, instituteur en retraite à Paris.
Réau, instituteur à Enghien (Seine-et-Oise).
Rainsart, instituteur à Favières (Seine-et-Marne).
Robert, instituteur à Artenay (Loiret)
Roux, instituteur à Paris, école de la rue de Passy.
Romanet, représentant les élèves-maîtres de l'école normale de Clermont-Ferrand.
Riéder, instituteur à Paris, école alsacienne de la rue Notre-Dame-des-Champs.
Rousseau, instituteur à Chevroches (Nièvre), délégué de l'arrondissement de Clamecy.
Robquin, instituteur à Lagny (Seine-et-Marne).
Salentin, instituteur à Méru (Oise).
Sarrailh, instituteur à Moncin, délégué des Basses-Pyrénées.
Surhomme, instituteur à Evreux (Eure).
Siomboing, instituteur à Péronne (Somme).
Sylvestre, instituteur à Jauldes (Charente).
Scellos, instituteur à Paris, école de la rue d'Alésia.
Séguinot, instituteur à Paris, école du quai d'Anjou.
Serout, instituteur à Paris, école de la rue Bourg-l'Abbé.
Sabatier, instituteur à Fresnoy-le-Grand (Aisne).
Singeot, instituteur délégué de l'arrondissement de Bernay (Eure).
Sellier, instituteur à Saint-Nicolas-d'Aliermont (Seine-Inférieure).
Singlas, instituteur à Châteaudun, délégué d'Eure-et-Loir.
Soulié, instituteur à Bordeaux, délégué de la Gironde.
Sablé, instituteur à Montroy, délégué de la Charente-Inférieure.
Touron, instituteur à Paris, école de la rue de la Mare.
Tissier, instituteur à Cerisiers (Yonne).
Thomel, institut. à Conches (Eure).

MM.

Tardif, instituteur à Ferrières-Haut-Clocher.
Tournet, instituteur à Paris, école de la rue Lepic.
Taffoureau, instituteur à Neauphle-le-Château (Seine-et-Oise).
Thévenot, instituteur à Charmoy (Yonne).
Tavoillot, instituteur à Villemanoche (Yonne).
Trabaud, ancien instituteur, secrétaire de la mairie d'Aubervilliers.
Terra, instituteur à Paris, école de la rue Bourg-l'Abbé.
Tivayrat, instituteur à Paris, école de la rue du Ratrait.
Tilmant, instituteur à Lille, délégué de l'Association des instituteurs du Nord.
Tonnelat, instituteur à Girolles (Loiret).
Toutain, ancien instituteur, représentant les instituteurs du canton de Flers (Orne).
Tredant, instituteur libre à Paris, rue des Solitaires.
Tronche, rue Notre-Dame-des-Victoires, à Paris.
Urion, instituteur à Lunéville, délégué de Meurthe-et-Moselle.
Viénot instituteur à Paris, école de la rue Fondary.
Veau, instituteur retraité, à Sens (Yonne).
Visse, instituteur à Paris, école de la rue Saint-Charles
Voillemin, instituteur à Peigney (Haute-Marne).
Viault, instituteur à Villechétive (Yonne).
Vignon, sous-chef de bureau à la direction de l'enseignement primaire de la Seine.
Vanderpoten, boulevard Saint-Michel, à Paris.
Vocoret, instituteur à Rouvray (Yonne).
Vernet, instituteur à Aubenas, délégué de l'Ardèche.
Wallet, instituteur à Origny-Sainte-Benoîte (Aisne).
Weil, secrétaire général de l'Union Française de la jeunesse.
Weintemberger, instituteur à Fèche-l'Église, délégué du territoire de Belfort.
Yolland, instituteur à Méry-sur-Oise (Seine-et-Oise).

INSTITUTRICES

MMmes

Aubry, institutrice à Paris (école de la rue Éblé).
Buchillet, institutrice à Brienon (Yonne).
Baldon, institutrice à Paris.
Beautier, institutrice à la Varenne-Saint-Hilaire (Seine).
Bouchage, institutrice à Paris (école de la rue Violet).
Beaudrouet, institutrice à Dame-Marie (Eure).
Bailly, instit. à Paris, rue Boursault.
Bénard, institutrice à Chatou (Seine-et-Oise).
Bénard, institutrice-adjointe à Chatou (Seine-et-Oise).
Bled, institutrice à Paris (école de la rue Blomet).
Burillon, institutrice à Taverny (Seine-et-Oise).
Cornil, institutrice à Paris, école de la rue Dombasle.
Chazelle, institutrice à Paris (école de la rue Blomet).
Christen, institutrice à Palaiseau (Seine-et-Oise).
Dubus, institutrice au Havre, école de la rue Percanville.
Dubois, institutrice à Paris, école de la cité Lemière.
Dulniau, institutrice à Paris, école de la rue Salneuve.
Denisot, institutrice à Trilbardou (Seine-et-Marne).
Doutey, institutrice à Paris, école de la rue de Torcy.
Debuire-Bouchardon, institutrice à la Charité-sur-Loire (Nièvre).
Durville, institutrice à Bléneau (Yonne).
Deluc (Camille), rue Lamartine à Paris.
Delapierre, avenue de la Motte-Picquet, à Paris.
Etien, institutrice.
Ebran-Castillon, institutrice à Paris, école de la rue du Vert-Bois.
Ferrand, directrice de l'école normale d'Auxerre.
Ferrand, institutrice à Auxerre.
Fauconnier, institutrice à Amiens (Somme).
François, institutrice a Paris, rue des Moines.
Gollière, institutrice à Lagny (Seine-et-Marne).
Gabriel, institutrice à Paris, école de la rue du Ranelagh.

MMmes

Giorgio, passage Véro-Dodat, à Paris
Hospied, institutrice à Neuvy-Sautour (Yonne).
Hess, rue des Petits-Champs, 64, à Paris.
Janet, institutrice à Paris, école de de la rue Salneuve.
Jélius, rue de Richelieu, à Paris.
Koppe, rue de Richelieu à Paris.
Leclerc, institutrice à Paris, école de la rue Blomet.
Lécole, directrice d'école maternelle à Paris, rue Saint-François-de-Sales.
Louïs, institutrice à Méru (Oise).
Paris, institutrice à Auxerre (Yonne)
Leclerc, rue Blomet à Paris.
Leblanc, institutrice à Saint-Pierre-des-Corps (Indre-et-Loire).
Lombard, institutrice à Paris, école de la rue Jouvenet.
Morel, institutrice à Méru (Oise).
Mestries, institutrice à Paris, école de la rue Dombasle.
Manigot, institutrice à Auxerre (Yonne).
Milon, institutrice à Guingamp. (Côtes-du-Nord).
Noël, institutrice à Chelles (Seine-et-Marne).
Nicolle, institutrice à Treigny (Yonne).
Perrault, institutrice à Paris, école de la rue de l'Arbalète.
Pineau, institutrice à Paris, école de la rue Poulletier.
Prod, institut. à Montrouge (Seine).
Paris, institutrice à Auxerre (Yonne).
Salomon, institutrice au Havre, école de la rue de la Corderie.
Spas, institutrice à Paris.
Thévenon, institutrice à Vachy (Yonne).
Thierrard, institutrice à Paris, école de la rue Dombasle.
Treffot, institutrice à Paris, école de la rue Lacordaire.
Turbion, maîtresse-adjointe à l'école normale de Montpellier.
Viénot, institutrice à Paris, école de la rue Fondary.
Vialle, institutrice à Paris, école de la rue Violet.
Vanderbrune, institutrice à Paris, école de la rue Dombasle.
Vidau, institutrice à Paris, école de la rue Laugier.
Vanderpoten, institutrice à Paris.
Vinangeon, institutrice à Saint Claude (Loir-et-Cher).

SOUSCRIPTEURS

AU BUSTE ET A LA MÉDAILLE

INSTITUTEURS

MM.

A

Audigier, instituteur à Châteaugay (Puy-de-Dôme), 2
Adam, instituteur à la Charmée (Yonne). 3
Armand, instituteur à Surgères (Charente-Inférieure). 5
Adam, instituteur à Alençon (Orne). 3
Aubert, instituteur à Patay (Loiret). 10
Allaire, instituteur à Ecquetot (Eure). 2
Aubry (M. et Mme), instituteurs à Paris, école de l'avenue de la Motte-Picquet. 5
Arnoux, instituteur à Lure (Haute-Saône). 3
Auriac, instituteur à N. (Ariège). 1
Antonelli, (Raphaël), passage Véro-Dodat à Paris. 15
Antonelli (Adrien), passage Véro-Dodat, à Paris. 15
Auvergne, instituteur à Saint-Pautaléon (Drôme). 1
Agier, instituteur suppléant, à Paris. 1
Amiel père, instituteur, Couilhac-la-Montagne (Aude). 1
Amiel (E.) instituteur, Gincla (Aude). 2
Amiel (A), instituteur, Villelongue (Aude). 1
Auvitu, instituteur, Saint-Michel-de-Volangis (Cher). 5
Alary, instituteur, La Chapelle-Hugon (Cher). 1.50
Aymé, instituteur, à La Chapelle-Saint-Étienne (Deux-Sèvres). (1 f.
Allaire, instituteur, Salles Charente). 1
Aubert, instituteur, Pouilly (Haute-Marne). 1
Atger, instituteur, Grisac (Lozère). 1

MM.

Audouy, instit. à Castres (Tarn) 2
Amardiel, instituteur à Gaudiès (Ariège). 1
Arnaud, instituteur à Bourg (Ain) 1.50
Auvitu, instituteur à Parassy (Cher) 0.50
Amiot, instituteur à Recologne (Haute-Saône) 1

B

Boclet, instituteur à Paris, école de l'avenue de la Motte-Picquet. 5
Bartier, à Paris, école de l'avenue de la Motte-Picquet. 5
Basuyaux, instituteur à Aniches (Aisne). 2
Burleau, instituteur à Biches (Nièvre) 1
Bonnot, instituteur a Tintury. (Nièvre). 1
Boudier, instituteur à Bacqueville. (Seine-Inférieure). 2
Boibien, instituteur à Argentenay, (Yonne). 5
Breton, instituteur à Saint-Aubin-sur-Scie (Seine-Inférieure). 5
Barbet, instituteur à Lourdes (Basses-Pyrénées). 2
Bouteiller, instituteur à Paris, rue Quinault. 5
Bocard, instituteur à Crépand (Côtes-d'Or) 1
Boulot, instituteur à Serbonnes (Yonne). 5
Baux, instituteur à Semur (Côte-d'Or) 2
Bourgeot, instituteur à Moulins Engilbert (Nièvre). 2
Ballet, instituteur à Diant (Seine-et-Marne), 2
Boulogne, instituteur à Courgenay, (Yonne). 2
Boudard, instituteur à Vareilles (Yonne). 2
Bourgeois, instituteur aux Clérimois (Yonne). 3
Brunet, instituteur à La Mollière, (Somme). 1
Boé, inspecteur primaire à Paris 10

MM.

Berthaud, instituteur à Écquevilly (Seine-et-Oise). 1
Bénard, instituteur à Menucourt (Seine-et-Oise). 1
Bigorie, instituteur à Uzerche (Corrèze). 1
Boé, inspecteur primaire à Sens 10
Bordier, instituteur à Pont-sur-Yonne (Yonne). 3
Barnaux, instituteur à Terramesnil (Somme). 1
Bouthors, instituteur à Fresnoy-les-Roye (Somme). 1
Bontemps, instituteur à Paris. 1
Baffitef, instituteur à Sentaraille (Ariège). 1
Bridoux, instituteur à Gaillefontaine (Seine-Inférieure). 2
Boulmeau, instituteur à Champlay (Yonne). 5
Balasc, instituteur à Pamiers (Ariège) 5
Bouvet, instituteur à Saintry (Seine-et-Oise). 1
Bouthors, instituteur à Magny (Seine-et-Oise). 1
Biron, instituteur à Bayeux (Calvados). 10
Bruneau, instituteur à Villeroy (Yonne). 2
Bézin, instituteur à Vendeuil. 1 50
Bonnet, instituteur à Beaumont-la-Ronce (Indre-et-Loire). 1
Bouilleveaux, instituteur à Rozières (Haute-Marne). 1
Bucaille et les instituteurs du canton de Thorigny-sur-Vire (Manche). 8
Briot, instituteur à la Celle-Saint-Cyr. 10
Boutin, instituteur à Varennes-sur-Montsoreau (Maine-et-Loire). 2
Barbet, instituteur à Ver (Manche). 1
Bec, instituteur à Puylaurens (Tarn). 1
Blanchereau, instituteur à Saint-Symphorien (Gironde). 1
Brunet, instituteur à Buis (Drôme). 1
Bribant, instituteur à Lantilly (Côte-d'Or). 2 60
Beaudoin, instituteur à Mesnières (Seine-Inférieure). 1
Bernier, instituteur à Chemiré-le-Gaudin. 2
Boucher, instituteur à Epreville (Eure). 1
Bouchard, instituteur à Saint-Aubin (Eure). 1
Bidault et les instituteurs et institutrices du canton de Tournan (Seine-et-Marne). 16
Boisseau, instituteur à la Chapelle-Saint-A. (Nièvre). 2
Brunot, instituteur à Beauvoir (Yonne). 2
Bidaux, directeur de l'école annexe, à Versailles. 5
Baratte, instituteur à Châteaugiron (Ille-et-Vilaine). 2

MM.

Bauby, instituteur à Castillon (Ariège) et les instituteurs du canton. 7
Bloys, instituteur à Tocane-Saint-Apre (Dordogne). { 1º souscrip. 5
{ 2º — 2
Bocquet, rue de l'Université à Paris. 1
Balland, instituteur à Brenzey-les-Faverney (Haute-Saône). 1 50
Bracquart, instituteur à Hesdin (Pas-de-Calais). 1
Bachelé, instituteur à Alfortville (Seine). 5
Boquet, instituteur à Limours (Seine-et-Oise). 1
Bruel, instituteur à Valauric (Drôme). 1
Boisse, instituteur à Taulignan (Drôme). 2
Bigueurre, instituteur à Sarrogna (Jura). 1
Bourguet, instituteur à Rycs (Calvados). 1
Boitel, instituteur à Paris, école de la rue Chomel. 2
Breton, instituteur à Bougnon (Hte-Saône). 1
Boley, instituteur à Flagny (Haute-Saône). 1
Bouttier, instituteur-adjoint à Châteaugontier (Mayenne). 2
Bucaille, instituteur à Berthouville (Eure). 1
Bernier, instituteur, à Saint-Augustin (Maine-et-Loire). 1,50
Belloy, instituteur, Clairoix (Oise). 1
Bouly, instituteur, Venette (Oise). 1
Barbot, instituteur, Pouillon (Landes). 1
Bizet, instituteur, Longjumeau (Seine-et-Oise). 5
Blotin, instituteur-adjoint, Cloyes (Eure-et-Loir). 1
Bardet, instituteur, Montigny (Eure-et-Loir). 1
Ballin, instituteur, Canly (Oise). 1
Boucher, instituteur, Chevrières (Oise). 1
Barbé, instituteur, Houdancourt (Oise). 1
Bouchez, instituteur, Lachelle (Oise). 1
Bouin, instituteur, Rivecourt (Oise). 1
Brayer, instituteur, Oigny (Aisne). 1
Barca, instituteur, Brécy (Cher). 1.50
Beaufrère, instituteur, Aubinges (Cher). 1.50
Brault, instituteur, Sainte-Solange (Cher). 1.50
Bourgoin, instituteur, Vornay (Cher). 2
Babillot, instituteur, Baugy (Cher). 3
Bonnot, institut. Vasselay (Cher). 1.50
Bédu, instituteur, Chantay (Cher). 3
Boyau, instituteur, Germigny (Cher). 1
Baudry, instituteur, Cours-les-Barres (Cher).

— 50 —

MM.

Bégassat, instituteur, Ouronër-les-Bourdelins (Cher). 1.50
Brouet, instituteur, Paris, école de l'avenue Duquesne. 5
Blais, instituteur, Moncoutant (Deux-Sèvres). 2
Barillot, instituteur, Clessé (Deux-Sèvres). 1
Briquet, instituteur, Paris, école de la Place du Commerce. 1
Bonniol, instituteur, Paris, école de la rue Dombasle. 1
Boyer, instituteur, Paris, école de la rue Lacordaire. 1
Bonicel, instituteur, Vialas (Lozère). 1
Boissier, instituteur, Martinet (Lozère). 1
Brugnière, instituteur, Nojaret (Lozère). 1
Bournot, instituteur-adjoint, Bourbonne les Bains (Haute-Marne). 1
Barbier, instituteur-adjoint, Fresnes (Haute-Marne). 1
Beçon, et les instituteurs du canton de Monestier de Clermont (Isère). 2,70
Bastard, instituteur, Montchaude (Charente). 1
Bernard, instituteur, Guimps (Charente). 1
Baudinaud, instituteur, Berneuil (Charente). 1
Boussès, instituteur, Saint-Hilaire (Charente). 1
Bugnot, instituteur à Baslieux-les-Fismes (Marne). 1
Boudet, instituteur à Connezac (Dordogne). 1
Bons, inspecteur primaire à Nontron. 1
Bertrand, instituteur à Martincourt (Meurthe-et-Moselle). 1
Barthés, instituteur à Castres 2
Barthe, instituteur à Castres 2
Beaujet, instituteur à Rocquigny (Ardennes). 2
Boilevin, instituteur à Moulidars (Charente). 2
Bardon, instituteur à Saint-Brice (Charente). 1
Bourgeois, instituteur à Conflans (Haute-Saône). 2
Bouillet, instituteur à Mornay-Berry (Cher). 1
Breuillard, instituteur à Diges (Yonne) 2.50
Brousset, instituteur-adjoint à Monville (Seine-Inférieure). 1
Benard, instituteur à la Grande-Paroisse (Seine-et-Marne). 2
Blanc, et plusieurs instituteurs du canton de Montbazon (Haute-Saône) 4
Boll, instituteur à Paris, école de la rue Pajol. 2
Branche, instituteur à Paris, école de la rue Pajol. 2
Bernon, instituteur à Paris, école de la rue Pajol. 2

MM.

Briand, professeur à Aubenas (Ardèche). 1
Boissin, instituteur-adjoint à Aubenas (Ardèche). 0.50
Braeunig, sous-directeur de l'école alsacienne, à Paris. 10
Blazy, instituteur à Pamiers (Ariège).1
Balasc, instituteur-adjoint à Pamiers (Ariège). 1
Birebent, instituteur-adjoint à Pamiers (Ariège). 1
Bauch, instituteur-adjoint à Pamiers (Ariège). 1
Benoît, instituteur à Saint-Remy (Ain). 0.50
Brachet, instituteur à Bourg (Ain).0.50
Buck, instituteur à Clairegoutte (Haute-Saône). 1
Boichard, instituteur adjoint à Ronchamp (Haute-Saône). 1
Beau, instituteur à Mehun-sur-Yèvre (Cher). 1,25
Beaugrand, instituteur à Moussey (Aube). 1
Bienaimé, instituteur à Isle-Aumont (Aube) 1
Bridou, instituteur aux Bordes (Aube). 1
Bécel, instituteur à Buchères (Aube) 1
Bourrotte, instituteur à Jeugny (Aube) 2
Bresson, instituteur à Melay (Haute-Marne). 1
Blanchot, instituteur à Larivière (Haute-Marne). 1
Bert, instituteur à Bouglon (Lot-et-Garonne). 5
Baudry, instituteur à Cours-les-Barres (Cher) 2° versement. 0,50
Boyau, instituteur à Germigny (Cher) 2° versement. 0,50
Bédu, instituteur au Chantay (Cher) 2° versement. 0,50
Bonhomme, à Pinsac (Lot). 2
Becker, inspecteur primaire à Gray (Haute-Saône). 1
Bouveret, instituteur à Lendrecourt (Haute-Saône). 1
Bonvallet, instituteur à Vaugécourt (Haute-Saône). 1
Béret, instituteur à Saint-Paul-de-Jarrat (Ariège). 1
Bessière, instituteur à Villemagne (Hérault). 2
Boulin, instituteur à Venaux (Cher). 1,50

C

Couhault, instituteur à Paris, école de l'avenue Duquesne. 2
Caillol, instituteur à Rimplas (Alpes-Maritimes). 1,25
Catrin fils, instituteur au Nouvion (Aisne). 2
Chiganne, instituteur à Sergines (Yonne). 5
Colas, instituteur à Commercy (Meuse). 2

MM.

Chevalier, instituteur à Saint-Julien-le-Faucon (Calvados). 5
Carpentier, instituteur à Villiers (Seine-et-Oise). 5
Conan, instituteur-adjoint à Baden (Morbihan). 1
Crosnier, instituteur à Fondettes (Indre-et-Loire). 2
Carlier, instituteur à Villers-Cotterets (Aisne). 1
Chartioule, instituteur, Saint-Pierre-de Chignac (Dordogne). 1
Commalet, instituteur, Reims. 10
Chabrier, instituteur Saint-Amand-Roche-Savine (Puy-de-Dôme). 3
Cuisinier, instituteur, Athié (Yonne). 5
Chevillotte, instituteur, Villemer (Yonne). 10
Combracque, instituteur-adjoint, Vallan (Yonne). 2
Candas, instituteur, Surcamps (Somme). 1
Cholat, et les instituteurs du canton de Seignelay (Yonne). 24
Cartinville, instituteur, Eschilleuses (Loiret). 1
Couhault, instituteur, Morsang-sur-Orge. 1
Caroff, instituteur, Guerlesquin (Finistère). 5
Chavanou, instituteur, Champagnac (Dordogne). 2
Chaval, instituteur, Champagnac (Dordogne). 1
Chaminard, instituteur, Bassilac (Dordogne). 1
Chavances, instituteur, Verdonnet (Côte-d'Or). 1
Chauvin, instituteur, Tancrainville (Eure-et-Loir). 1
Clarey, instituteur, Paris, place de la Nativité. 2
Chevalier, instituteur, Saint Aignant de Versillat. 1
Cartou, instituteur, Malancène. 1
Capdevielle, professeur à l'association philotechnique. 2
Clinquet, instituteur, Saint André-les Lille (Nord). 2
Chevillot, instituteur, Fontailler (Côte-d'Or). 1
Chauvenet, instituteur, Arnay-le-Duc (Côte-d'Or). 5
Cuénin, instituteur, Belfort. 5
Coilly, instituteur, Mainbresson (Ardennes). 2
Cueillery, instituteur, Bagnolet (Seine). 5
Caron, instituteur, Bérengeville (Eure). 5
Clouet, instituteur, Harcourt (Eure). 1
Champion, instituteur, Canappeville (Eure). 1,50
Chaumien, instituteur-adjoint, Lachapelle Saint-André (Nièvre). 1
Caillods, instituteur, Valentigney (Doubs). 2

MM.

Camboulives, institu. Tecou (Tarn), 1
Comte, instituteur, Sigogne (Charente) pour les instituteurs du canton de Jarnac. 10
Castanet, instituteur, Montagrier (Dordogne). 1
Chaumonnot, instituteur, Mesgrigny (Aube). 2
Choiselat, instituteur, Vallant-Saint-Georges (Aube). 2
Cadot, instituteur, Montfort (Seine-et-Oise). 1
Chebance, instituteur, Vitrac (Puy-de-Dôme). 2
Clouet, institu. à Harcourt (Eure) 1
Couillaux, instituteur à Meux (Charente-Inférieure). 2
Charrier, instituteur à St-Mathurin (Vendée). 1,50
Courtot, instituteur à Quers (Haute-Saône). 2
Colley, instituteur à Frotey-les-Lure (Haute-Saône). 0,75
Chauvet, instituteur à Franchevelle (Haute-Saône). 1
Chappuis, instituteur à Malbouhans (Haute-Saône). 1
Coupat, instituteur à Hautefaye (Dordogne). 1
Chambette, instituteur à Escoire (Dordogne). 1
Cangarde, ancien inspecteur à Nontron. 1
Castets, instituteur à Soorts (Landes). 0,50
Chalmeau, instituteur à Pourrain (Yonne). 10
Casseron, instituteur-adjoint aux Sables-d'Olonne (Vendée). 1
Chaineau, instituteur à la Chaume (Vendée). 1
Cailleau, instituteur à Paillart (Oise). 1
Cellier, instituteur à Giverny (Eure). 3
Coquin, instituteur à Egriselles-le-Bocage (Yonne). 2
Comte, instituteur à Paris, école de la rue Richomme. 2
Caussin, instituteur à Paris, école de la rue Richomme. 2
Chanlin, instituteur à Toucy (Yonne). 2
Clerc, instituteur à Pontarlier (Doubs). 2
Courtot, instituteur à Paris, école de la rue de la Jussienne. 5
Carlier, instituteur à Paris, école de la rue du Sentier. 5
Cathala, instituteur à St-Victor (Ariège). 1
Cathala, instituteur à Villeneuve-du-Paréago (Ariège). 1
Curtil, instituteur à Péronnas (Ain). 0,50
Catherin, instituteur-adjoint à Bourg (Ain). 0,50
Châtelet, instituteur à Esternay (Marne). 2
Crochet, instituteur à Pigny (Cher). 0,50

MM.

Collin, inst. à Bengy (Cher) 1,50
Charloy, instituteur-adjoint à Nérondes (Cher). 1,50
Cougnot, instituteur à Neuilly (Nièvre). 1
Chiron, instituteur à Vouhenans et Mme l'institutrice. 3
Caron, instituteur, Arguel (Somme). 1
Colibœuf, instituteur, Beuzeval (Calvados). 1
Cornet, instituteur, Bienville (Oise). 1
Cordier, instituteur, Bécon (Maine-et-Loire). 1,50
Colson, instituteur, Molinons (Yonne). 2
Colin, instituteur, Armancourt (Oise). 1
Capronnier, instituteur, au Grand-Fresnoy (Oise). 1
Carbonnier, instituteur, Meux (Oise). 1
Carteret, instituteur, Messigny (Côte-d'Or). 1
Caudissart, instituteur, Saint-Just-en-Chaussée (Oise). 1
Coulon, instituteur à Frédéric-Fontaine (Haute-Saône). 1
Chambon, instituteur à Brassy (Nièvre). 1
Caffet, instituteur à Vily-le-Maréchal (Aube). 1
Callé, instituteur à Arcy-sur-Eure (Yonne). 2
Choux, instituteur à Villefargeau (Yonne). 2
Comet, instituteur à Burgalays. 1
Coutant, instituteur, Chanteloup (Deux-Sèvres). 1
Chambaudet, instituteur, Paris, école de la rue Blomet. 10
Chambaudet, et les instituteurs de l'école de la rue Blomet. 22,50
Cornut, instituteur, Paris, école de la rue du Commerce. 1
Chabasseur, instituteur, Paris, école de la rue Dombasle. 1
Cartault, instituteur, Paris, école de la rue Saint-Charles. 1
Chaptal, instituteur, Pont-de-Montvert (Lozère). 1
Chabrol, instituteur, Pont-de-Montvert (Lozère). 1
Chapelle, instituteur, Malméjan (Lozère). 1
Conard, instituteur, Notre-Dame-d'Epine (Eure). 1
Chaumont, instituteur, Beaucharmoy (Haute-Marne). 4
Chantôme, instituteur, Villars (Haute-Marne). 1
Curial, instituteur, Leyment (Ain). 1
Content, instituteur, Blyes (Ain). 1

D

Delapierre, instituteur à Paris, école de l'avenue de la Motte-Picquet. 20
Dumoulin, instituteur à Paris, école de la rue Chomel. 5
Damois, instituteur à Gaillon (Eure) 2

MM.

Deliman, instituteur à Saint-Valery-sur-Somme. 1
Degand aîné, instituteur à Gannat (Allier). 5
Danglehem, instituteur à Ribemont (Aisne). 1
Dezerville, instituteur à Saint-Sauveur, (Yonne). 5
Dervillé instituteur-adjoint à Compiègne. 1
Destray, instituteur à Nolay (Côte-d'Or) 5
Decaux, instituteur à Aumale (Seine-Inférieure). 5
Delamare, instituteur à Fleury-sur-Andelle (Eure). 1
Drouault instituteur à Pontvallain (Sarthe). 1
Desplanquez, instituteur au Plessis-Grimoult (Calvados). 2
Denis, instituteur-adjoint à Harbonnières (Somme). 1
Dejean, instituteur à Ustou (Ariège) 1
Dejean, instituteur à Sentenac (Ariège). 1
Dallier, instituteur à Astaffort (Lot-et-Garonne). 2
Denizot instituteur à Valery (Yonne) 3
Duval, instituteur à Châteaugiron (Ille-et-Vilaine). 2
Deparis instituteur à Marcq-en-Cazœil. 2
Dürr, instituteur à Escolier (Yonne) 1
Ducaut, instituteur à Cusset. 1
Delabroize, instituteur à Saint-James (Manche). 1
Delalande, instituteur à Liffré (Ille-et-Vilaine). 1
Darlet, instituteur à Clamecy (reliquat des cotisations au banquet, des instituteurs de l'arrondissement de Clamecy). 3
D'hiers, instituteur à Ernancé (Eure-et-Loir). 2
Duval, instituteur au Neubourg (Eure) 3
Duval fils, instituteur-adjoint au Neubourg. 2
Delamarre, instituteur à Criquebœuf (Eure) 1
Duval, instituteur à Epegard (Eure) 2
Dumouchel' instituteur au Tremblay (Eure). 2
Dubois, instituteur à Etaing (Pas-de-Calais). 2
Delmas, instituteur à Châteauneuf sur Sarthe. 3
Denuncq, instituteur à Longueil Armel (Oise). 1
Delaplace, instituteur, à Sceaux (Seine). 2
Delacomptie, instituteur, Pimprez (Oise). 1
Doroyon, instituteur, à Thiry-Ourscamp (Oise). 1
Defresnoy, instituteur à Mélicocq (Oise). 1
Dodé, instituteur à Marest-Saint-Matz (Oise). 1

MM.

Dervillé, instituteur, à Remy (Oise). 1
Denaux, instituteur à Thourotte (Oise). 1
Delaporte, instituteur à Faronville (Loiret). 3
Delestre, instituteur à Migé (Yonne). 3
Denis, instituteur à Essonnes (Seine-et-Oise). 5
Decouchon, instituteur à Puy-Malsignat (Creuse). 1
Delaveau, rue du Four-Saint-Germain à Paris. 10
Dubois, instituteur à Coulgens (Charente). 1
Dupont, instituteur à Saint-Austreberthe (Pas-de-Calais). 1
Dézelot, instituteur, Farges-en-Septaine (Cher). 1.50
Dézelot, instituteur, Vignoux-sous-les-Aix (Cher). 1,50
Desmurs, instituteur-adjoint, Sancoins (Cher). 1
Designolle, (Paul) instituteur, Paris, école de l'avenue de la Motte-Picquet. 5
Dupé, instituteur-adjoint, Louroux-Béconnais (Maine-et-Loire). 0,50
Daveau, instituteur-adjoint, Bécon (Maine-et-Loire). 0,50
Deligny, instituteur, Arsy (Oise). 1
Denis, instituteur, Villers-sur-mer (Calvados). 1
Delaunay, et les instituteurs du canton de Gacé (Orne). 5
Dassonvillez, instituteur, Paris, école de la place du Commerce. 1
Delachapelle, instituteur, Paris, école de la place de Vaugirard. 1
Dajean, instituteur, Paris, école de la place de Vaugirard 1
Dupuy, instituteur, Ladiville (Charente). 1
Delhuile, instituteur, Brie (Charente). 1
Darlet, père, instituteur en congé, à Clamecy (Nièvre). 1
Darlet, fils, professeur au collège de Clamecy (Nièvre). 1
Driault, instituteur à la Neuville (Loiret). 1
Delavesne, instituteur à Paris, école de la rue Pajol. 2
Dapon, instituteur à Paris, école de la rue Pajol. 2
Dailly, instituteur à Paris, école de la rue Pajol. 2
Devillers, instituteur à Paris, école de la rue de la Guadeloupe. 2
Dupouy, instituteur à Moliets-et-Mâa (Landes). 2
Defaisse, instituteur-adjoint à Aubenas (Ardèche). 0,50
Dreuil, instituteur-adjoint à Pamiers (Ariège). 0,50
Durafour, instituteur à Saint-Denis (Ain). 0,50
Dodey, instituteur à Saint-Loup (Haute-Saône). 2

MM.

Dervillé et quatre instituteurs et institutrices du canton de Lassigny (Oise). 6
Drouhin, instituteur-adjoint à Saint-Loup (Haute-Saône). 0,50
Dieudonné, instituteur à Saint-Germain-sur-Ay. 1
Delmond, et les instituteurs du canton de Beaulieu (Corrèze). 5
Dubois, instituteur-adjoint à Moffans (Haute-Saône). 1
Dupont, instituteur au Nouvion (Somme). 1
Dougé, instituteur-adjoint aux Sables-d'Olonne (Vendée). 1
Denis, instituteur à Fouchères (Yonne). 3
Dutoit, instituteur à Frouville (Seine-et-Oise). 2
Daillet, instituteur à Beauvais (Oise). 2
Dancourt, instituteur à Notre-Dame-du-Thil (Oise). 2
Delépine, instituteur à Marissel (Oise). 1
Drouard, instituteur à Pornic (Loire-Inférieure). 3
Després, instituteur à Gentilly (Seine). 5
Dessalles, instituteur à Salles (Drôme). 1
Duc, instituteur à Réauville (Drôme). 1
Duclos, instituteur à Manzat (Puy-de-Dôme). 2
Dingreville, instituteur à Douchy-les-Ayettes (Pas-de-Calais). 2
Deshayes, instituteur à Saint-Paul-de-Fourques. 1
Deroche, instituteur à Monrière (Haute-Saône). 1
Daval, instituteur-adjoint à Planches-les-Mines (Haute-Saône). 1
Décey, inst. à Eboulet (H-Saône). 1
Delume, instituteur à Lormes (Nièvre). 2
Durville, instituteur-adjoint à Bléneau (Yonne). 3
Daniel, instituteur à Lannilis (Finistère). 2
Derrey, instituteur à St-Thibault (Aube) 1
Devaux, instituteur à Cermot (Aube). 0,30
Dauphin, instituteur à St-Jean-de-Bonneval (Aube). 0,75
Degois, instituteur à Souligny (Aube). 1
Designolle, père, instituteur à Bléneau (Yonne). 3
Duclos, instituteur à Ecardenville-la-Campagne (Eure). 1
Duchanoy, instituteur à Jussey (Haute-Saône). 2

E

Edange, instituteur, Aubervillers (Seine). 1

MM.

Edouard, instituteur, Gaâs (Landes).1
Espeut, instituteur à Castres (Tarn). 2
Escoffre, instituteur à Castres (Tarn) 2
Evrard, instituteur à Paris, école de la rue du Sentier. 2
Ecuer, instituteur à Saint-Just (Ain). 0,50
Espagnac, instituteur, Lussan (Gard). 2,50

F

Frontin, professeur à l'école normale de Chartres 3
Feuilly, instituteur, Aubigny (Nièvre). 2
Fichu, instituteur-adjoint, Compiègne (Oise). 1
Frenée, instituteur, à Campeaux (Oise). 2
Fontaine, instituteur, Brucil (Seine-et-Oise). 1
Ferrand, instituteur, Mont-Saint-Vincent (Saône-et-Loire). 2
Fauvel, instituteur, Chigny (Yonne).3
Friche, inspecteur primaire à Douai. 3
Fromonot, instituteur, Bard (Côte-d'Or). 2
Feret, instituteur, Coisy (Somme). 1,50
Foulon, instituteur, Autheuil (Eure-et-Loir). 0,50
François, instituteur, Montmartin (Oise). 1
Fauveau, instituteur, Allogny (Cher). 1.50
Forceau, instit. Croisy (Cher), 1.50
Forestier, instituteur, au Breuil-Bernard (Deux-Sèvres). 1,50
Firmin, instituteur, Froissy (Oise).4
Froville, instituteur, Epinay-sur-Orge (Seine-et-Oise). 1
Flobert, instituteur, Attichy (Oise). 10
Flamant, instituteur, La Rue du Midi (Aisne). 2
Ferrier, instituteur, Brive-la-Gaillarde. 1
Ferrier, (Maximin) instituteur-adjoint, Brive-la-Gaillarde. 1
Falampin, instituteur, Bailly (Oise). 1
Fredouille, instituteur, Fleurigny (Yonne).
Faure, instituteur, Saint-Victor (Dordogne). 2
Fontan, instituteur, Miélan (Gard). 1
Flobert, instituteur-adjoint, Beauvais (Oise). 2
Fouchard, instituteur-adjoint, La Haye-Pesnel (Manche). 1,50
Flanet, et les instituteurs du canton de Routot (Eure). 10
Frappa, instituteur, Chamaret (Drôme).
Favret, instituteur, Auxon-de-Vesoul (Haute-Saône). 1
Fléchard, instituteur-adjoint, Châteaugontier (Mayenne). 2
Fauveau, instituteur à Vanves (Seine,. 2

MM.

Fraïsse, instituteur à Saix (Tarn).
Fraisse, instituteur à St-Jean-d'Aubrigoux (Haute-Loire). 1,50
Famelard, instituteur à Paris, école de la rue de Torcy. 2
Faivre, instituteur à Paris, école de la rue des Poissonniers. 2
Fouré, instituteur, Paris, école de la place de Vaugirard. 1
Fuchs, instituteur, Paris, école de la rue Pouchet. 1
Flet, instituteur, Paris, école de la place du Commerce. 1
Fouquet, et les instituteurs de la rue des Fourneaux, Paris. 6
Flaget, instituteur, Paris, école de la rue Lacordaire. 5
Féret, instituteur, Paris, école de la rue Lacordaire. 1
Faralicq, instituteur, Paris, école de la rue Lacordaire. 1
Fages, instituteur Rhunes (Lozère) 1
Fesneau, instituteur à La Souterraine (Creuse), 3
Fromont, instituteur à Fays (Aube). 2

G

Girault, instituteur, Paris, école de la rue Fondary. 10
Gondé, instituteur, Paris, école de la place du Commerce. 2
Gaté, instituteur, Paris, école de la rue Dombasle.
Greffier, instituteur, Louroux-Béconnais (Maine-et-Loire). 1,50
Georgin, instituteur, Moyvillers (Oise). 1
Guindolet, instituteur, Soulangis (Cher). 1,50
Garnier, instituteur, Moulins-sur-Yèvre (Cher). 1
Girault, institut. Villabon (Cher). 1,50
Guérin, instituteur, Villequiers (Cher). 1.50
Gallois, instituteur, Saint-Georges-sur-Moulon (Cher). 1.50
Guéneau, instituteur, Nérondes (Cher). 1.50
Gosselin, instituteur, Annebault (Calvados), 1
Gangné, inst. Cornusse (Cher). 1.50
Guérault, inst. Chorly (Cher). 1.50
Guimard, et les instituteurs du canton de Château-Chinon (Nièvre). 7
Gombaux, instituteur, Périers (Calvados). 1
Gaze, instituteur, Angely, (Yonne). 6
Godard, instituteur, Etais-la-Sauvin (Yonne) 2
Gouin, instituteur, Le Theil-sur-Huine (Orne). 2
Gulin, instituteur, Auvers (Manche). 1
Guesnu, instituteur, saint Germain-des-Prés (Yonne). 2
Guesnu, fils, instituteur-adjoint, Saint Germain-des-Prés (Yonne). 2
Garnier, instituteur, Epinal (Vosges).2

MM.

Geoffroy, instituteur, Savigny-Poilfol (Nièvre). 1
Gavaux, instituteur, Montbars (Côte-d'Or). 1
Gay, et plusieurs instituteurs de la Savoie. 5,50
Godard, instituteur, à Lainsecq (Yonne). 2
Geneste, instituteur, Saint-Dier-d'Auvergne (Puy-de-Dôme). 2
Gagnepain, instituteur, à Molesmes (Yonne). 1,50
Guimard, instituteur, à Dornecy (Nièvre). 2
Giguet, instituteur, à Bagneaux (Yonne). 3
Geslaut, instituteur, à Grazay (Mayenne). 2
Gaître, instituteur, Isles-les-Villenoy (Seine-et-Marne). 3
Gaudissard, inst. Cuts (Oise), 2
Guillain, instituteur, Etivey (Yonne).3
Gohin, instituteur, à Marigny (Manche). 2
Guillaumiée, inst. à Alur (Dordogne). 1
Girard, instituteur, Bordeaux. 2
Guy, instituteur, sainte Cécile (Tarn). 2
Guille (M. et Mme) instituteurs, Saint-Ellier (Orne). 1
Godard, instituteur, Lain (Yonne). 3
Girard, instituteur, Souvigné (Indre-et-Loire). 1
Garry, instituteur, Vigneux (Seine-et-Oise). 1
Gautrot, (M. et Mme) instituteurs, Saint-Fargeau (Yonne). 4
Girard, instituteur retraité, Mondoubleau (Loir-et-Cher). 1
Girard, instituteur, Trouville (Calvados). 10
Gerbeau, instituteur, Annoux (Yonne). 4
Gelineau, instituteur, Turquant (Maine-et-Loire). 2
Garnier, instituteur, Voivres (Sarthe). 1,50
Gallimard, instituteur, Grancey-sur-Ource (Côte-d'Or). 1
Gobert, instituteur, Tergnier (Aisne). 1,50
Godin, instituteur, Marbeuf (Eure). 2
Gérault, instituteur, Dun-sur-Auron (Cher). 2
Gratrand, instituteur, Mansle (Charente). 6
Gosse, instituteur, Ribecourt (Oise). 1
Gain, instituteur, Tracy-le-Val (Oise). 1
Gornivaux, instituteur, Saint-Hilaire de Villefranche (Charente-Inférieure). 1
Giraud, instituteur, Saint-Dizier-la-Tour (Creuse). 1
Glomot, instituteur, Chénérailles (Creuse). 1
Grosjean, instituteur, Fours (Nièvre). 1

MM.

Gérard, instituteur, Méry-sur-Seine (Aube). 2
Gendre, instituteur, Chevreuse (Seine-et-Oise). 1
Golzin, directeur de l'école normale de Montpellier, et les professeurs de l'école 8
Guillemin, institut., Nermier, (Jura).1
Gauthier, instituteur au Bourget (Jura). 0,50
Guette, instituteur, Ecuvilly (Oise). 2
Goux, instituteur, Provenchère (Haute-Saône). 1
Germain, instituteur à Maringues, les instituteurs du canton et l'inspecteur primaire de l'arrondissement de Thiers. 10
Gormotte, instituteur, Mauvilly. 2
Gayet, instituteur, saint Georges (Puy-de-Dôme). 2
Gauthier, instituteur, Charbonnières-les-Varennes (Puy-de-Dôme). 1
Gaux, instituteur, la Brousse (Lozère). 1
Gardien, instituteur-adjoint, Bourbonne-les-Bains (Haute-Marne) 1
Guillemin, instituteur, Damrémont (Haute-Marne). 1
Geoffroy, instituteur à Lagny (Oise) 3
Guérinot, instituteur, Enfauvelle (Haute-Marne). 1
Gérard, instituteur, Parnat (Haute-Marne). 1
Guy, instituteur, Vaux (Ain). 1
Girard, instituteur, Saint-Palais-du-Né (Charente). 1
Goumard, instituteur, Saint-Bonnet (Charente). 1
Galy instituteur à Oms (Pyrénées-Orientales) 1
Grosjean, instituteur à la Côte (Haute-Saône). 1
Grisey, instituteur à Moffans (Haute-Saône). 1
Grenouillet, instituteur à Savignac (Dordogne). 1
Gasc, instituteur aux Cammazes (Tarn). 10
Gaütron instituteur à Saint-Sulpice-le-Verdun (Vendée). 2
Greffard, instituteur-adjoint aux Sables-d'Olonne (Vendée). 1
Gilbert, instituteur à Compains (Puy-de-Dôme). 1
Guilly, instituteur à Moulins-sur-Ouanne (Yonne). 1
Génadot, instituteur à Arpajon (Seine-et-Oise). 3
Gaudefroy, instituteur à Paris, école de la rue de la Guadeloupe. 2
Giraud, professeur à Aubenas (Ardèche). 1
Garnier, instituteur-adjoint à Aubenas (Ardèche). 1
Germain, instituteur à Paris, école de la rue Etienne-Marcel. 5
Gorde, instituteur à Paris, école de la rue Etienne-Marcel. 3

MM.

Girod, instituteur-adjoint à Bourg (Ain). 0.50
Genier instituteur-adjoint à Bourg (Ain). 0.50
Gobier, instituteur à Brinon-les-Allemands (Nièvre). 1
Gonillon, instituteur à Ronchamp (Haute-Saône). 1
Gomard, instituteur à Errevet (Haute-Saône). :
Gaussin, instituteur à Plancher-les-Mines (Haute-Saône). 1
Gallois, instituteur-adjoint à Plancher-Bas (Haute-Saône). 1
Girardot, instituteur à Frahier (Haute-Saône). 1
Guénot, instituteur à St-Martin-du-Puy (Nièvre). 1
Godé, instituteur à Paris, école de la rue de la Victoire. 2
Guéroc, instituteur-adjoint à Lannilis (Finistère). 2
Girardot, instituteur-adjoint à Melay (Haute-Marne) 1
Gros et les instituteurs du canton de Gy (Haute-Saône). 10,45
Gâtey, instituteur-adjoint à Jussey (Haute-Saône), 1
Gandon, instituteur à Marsainvilliers (Loiret). 5

H

Huget, instituteur-adjoint, Barbezieux (Charente). 1
Houssier, instituteur, Paris, école de la rue Dombasle. 10
Haudié, instituteur Maintenon (Eure-et-Loir). 5
Hurion, instituteur, Civry (Yonne). 5
Huchard, instituteur, Maillot (Yonne). 3
Habert, instituteur, Turny (Yonne). 3
Henriot, instituteur, Fontenay-le-Fleury (Seine-et-Oise). 1
Humblot, instituteur, Fort-du-Plasne (Jura). 2
Haudricourt, instituteur, Bondy (Seine). 3
Houssin, 56 boulevard Montparnasse. 5
Houssin, (Félix) boursier de licence, boulevard Montparnasse. 10
Habert, instituteur, Paris, école de la rue Richomme. 2
Hauroy, instituteur, Machemont, (Oise). 1
Hutinel, instituteur, Genlis (Côte-d'Or). 3
Hanoux, instituteur, Lignière (Orne). 1
Horoy, instituteur, Bailleul-sur-Thérain. 1
Hugues, instituteur, Albertville (Savoie) et un groupe d'instituteurs de l'arrondissement. 15
Huchon, instituteur, Locmaria, Belle-Ile-en-Mer. 2

MM.

Hurel, instituteur à Cherbourg et Navarre, Desplanques et Le Mière, adjoints. 5
Hodon, instituteur à Dracy (Yonne). 2
Hurrier, instituteur à Ollainville (Seine-et-Oise). 1
Huot, instituteur à Paris, école de la rue Richomme. 2
Hillairaud, instituteur à La Noue (Ile-de-Ré). 1
Hochard, instituteur à Paris, école de la rue Etienne-Marcel. 5
Hugonnet, instituteur-adjoint à Bourg (Ain). 0.50
Haran, instituteur, Droupt-sur-Basle (Aube.) 1
Hénissart, instituteur, Aubin-Saint-Vaast (Pas-de-Calais). 1
Hubert, instituteur, Sainte-Marie (Seine-Inférieure). 2
Huvey, instituteur, Saint-Pierre-de Salerne (Eure). 1
Herry, instituteur à Landéda (Finistère). 2
Henri, instituteur-adjoint à Landéda (Finistère). 2
Huck, instituteur à Chinon (Indre-et-Loire). 5
Hanneweck, instituteur-adjoint à Cravant (Yonne).

I

Igoult, instituteur, Crestot (Eure). 2
Illiaquer, instituteur-adjoint, Palais (Belle-Ile-en-Mer). 1
l'instituteur de Formigny (Calvados). 1
l'instituteur d'Archigny (Vienne). 1
Les instituteurs du canton d'Amfreville-la-Campagne (Eure). 10
Ives, instituteur à Paris, école de la rue de la Guadeloupe. 2
Les instituteurs de l'école de la rue Doudeauville, Paris. 13
Les instituteurs de l'Ecole de la rue Ordener, Paris. 11.50
Les instituteurs de l'école de la rue de Lavieuville, Paris. 18

J

Jusselin, instituteur, Paris, école de la rue Chomel. 1
Josse, instituteur, Authie (Somme). 1
Jean, instituteur, Saint-Cyr-la-Rivière (Seine-et-Oise). 1
Jousset, et ses maîtres-adjoints, Château-du-Loir. 3
Jorlin, instituteur, Villeneuve-les-Genêts (Yonne). 10
Julliart, instituteur, Jonquières (Oise). 1
Jager, instituteur, Liré (Maine-et-Loire). 2
Jacquin, instituteur, Villiers-le-Bel (Seine-et-Oise). 2
Jamere, instituteur, Maizières (Aube). 3

MM:

Janicaud, instituteur, Saint-Chabrais (Creuse). 1
Jacquemet, professeur agrégé de la faculté de médecine de Montpellier. 5
Jeanroy, instituteur, Rungis (Seine). 2 50
Julien, inst. Chassy (Cher). 1.50
Jouatte, instituteur, Flavigny (Cher). 1.50
Jouanne, instituteur, Dozulé (Calvados). 1
Jeandel, instituteur-adjoint à Lure (Haute-Saône). 1
Jacquet, instituteur à Magny-Vernois (Haute-Saône). 1
Janet, instituteur, Javerlhac (Dordogne). 1
Jouin, instituteur à Saint-Martin-le-Pin (Dordogne). 1
Juffin, instituteur à Aubervilliers (Seine). 1
Jançon, instituteur à Magny (Haute-Saône). 1
Jendy, instituteur à Champagney (Haute-Saône). 1
Jouachim, instituteur à Bazoches (Nièvre). 1
Jaillant, instituteur à Sommerval (Aube). 1
Jeannet, instituteur à Saint-Louange (Aube). 1
Jouffroy, instituteur à Cemboing (Haute-Saône). 2

K

Koun, instituteur, Baden (Morbihan). 1
Kanoui, instituteur-adjoint à Pamiers (Ariège). 0.50

L

Le Couard, instituteur, Clères (Seine-Inférieure). 2
Loncle, instituteur, Sainte-Croix (Aisne). 4
Létumier, instituteur, à Sépeaux (Yonne). 1
Largeot, instituteur, Saint-Aubin Châteauneuf (Yonne). 4
Lefranc, instituteur-adjoint, Auvers (Manche). 1
Langard, instituteur, Anost (Saône-et-Loire). 1
Luce, instituteur, Barneville (Manche) et les instituteurs du canton. 5
Lévêque, instituteur, Semur (Côte d'Or). 2
Ledroit, instituteur, Châtillon-en-Bazois (Nièvre). 1
Louis, instituteur, à Tourgenay (Yonne). 2
Lespagnol, ancien instituteur, Nailly (Yonne). 5
Lespagnol, (Alphonse), instituteur, Villeneuve la Dondayre (Yonne). 5
Lebas, instituteur, Cagnicourt (Pas-de-Calais). 2

MM.

Luce, instituteur, Saint-Calais (Sarthe). 5
Lagarde, instituteur, Beynat (Corrèze). 1
Larcher, instituteur, Méry-Corbon (Calvados). 2
Lemoine, instituteur, Paris, école de l'avenue Duquesne. 10
Lamirault, instituteur, Livry (Seine-et-Marne). 1
Longuet, instituteur, La Postolle (Yonne). 1
Lambert, instituteur, Lailly (Yonne). 3
Létang, instituteur, Ormoy (Yonne). 5
Laurent, inspecteur primaire, Joigny (Yonne). 5
Lagier, instituteur, Beaumes (Vaucluse). 2
Lorrilliard, instituteur, Sombernon (Côte-d'Or). 1
Lacroix, instituteur, Précy (Côte-d'Or). 1
Laffont, directeur de l'école normale de Bagnère-de-Bigorre. 2
Lapic, instituteur, Ay-Champagne (Marne). 1
Lavocat, instituteur, Celles (Haute-Marne). 1
Loubet, instituteur au Port (Ariège). 1
Loutal, instituteur, Massat (Ariège). 1
Lacoudre, instituteur, Bassaucourt (Seine-et-Oise). 1
Laudré, instituteur, Poigny (Seine-et-Oise). 1
Lauroa, instituteur, Malaussane (Basses-Pyrénées). 1
Lacotte, instituteur, Milhac d'Auberoche (Dordogne). 1
Levivier, instituteur-adjoint, Avranches (Manche). 1
Lecouturier, instituteur-adjoint, (Avranches). 1
Lapchin, instituteur, Boissy-Saint-Léger (Seine-et-Oise). 1
Lecomte, instituteur, Saint-Martin-des-Champs (Oise). 1
Legrand, instituteur, Vernoy (Yonne). 2
Lagrue, instituteur, Pont-Audemer (Eure). 2
Ledoux, instituteur, Villeneuve-la-Guyard (Yonne). 3
Lespagnol, instituteur, Bœurs-en-Othe (Yonne). 1
Lobry, instituteur, Chaource (Aube). 1
Lapauze, instituteur, Thèze (Basses-Pyrénées). 1
Lecuret, instituteur, Laignes (Côte-d'Or). 2
Levasseur, instituteur, Longueil (Oise). 1
La Charmoise, instituteur, Varcilles (Creuse). 1
Leboucher, instituteur, Croissanville (Calvados). 2
Léquibin, instituteur, Châtenay (Seine). 2

MM.

Leroux, instituteur aux Andelys 2
Lagache, instituteur, Thumeries (Nord). 2
Lainé, instituteur, Coutances, et les instituteurs de l'arrondissement. 35
Le **Hénaff**. instituteur, Pleubian (Côtes-du-Nord). 2
Le Goff, instituteur, Pontrieux (Côtes-du-Nord). 1
Lefranc, instituteur, Plessis-Brion (Oise). 1
Lambin, instituteur, Dreslincourt (Oise). 1
Lelarge, instituteur, Vandelicourt (Oise). 1
Lebrun, instituteur, Carlepont (Oise). 1
Liénel, instituteur, Vaugeulieu (Oise). 1
Laban, instituteur, Tonneins (Lot-et-Garonne). 5
Lhonnen, instituteur, Clouescat Finistère). 2
Lorblancher, instituteur, Terrasson (Dordogne). 2
Lagrange, instituteur, Peyrat (Creuse). 1
Lautrédon, instituteur, Plogastel (Finistère). 2
Le Tallec, instituteur-adjoint, Calais (Belle-Ile-en-Mer). 1
Le Fur. instituteur, Port-Philippe (Belle-Ile-en-Mer.) 2
Lallement, et les instituteurs des deux cantons du Quesnoy (Nord). 15
Le Toiser, instituteur, Perros-Guirec (Côtes-du-Nord). 1
Le Toiser, instituteur-adjoint, Perros-Guirec (Côtes-du-Nord). 0.50
Leclerc, instituteur, Wambercourt (Pas-de-Calais). 1
Labitte, instituteur, Marconne (Pas-de-Calais). 2
Lebeau, instituteur, Saint-Germain-du Clain (Saône-et-Loire). 2
Leflot, instituteur, Narcilly-Dracy (Côte-d'Or). 1
Liénard, instituteur, Limoges, école de la Monnaie. 2
M. et Mme Lecot, instituteurs Saint-Gobert (Aisne). 1
Leméhauté, instituteur, la Sicaudais (Loire-Inférieure). 1
Legallais, instituteur, la Haye-Pesnel (Manche). 3
Léonard, instituteur, Sedan 10
Ledanoit, et les instituteurs du canton de Louviers (Eure). 5
Lescarbault, délégué cantonal, Orgères (Eure-et-Loir). 5
Lavieille, instituteur, Cagnotte (Landes). 1
Lester, instituteur, Jargeau (Loiret). 2
Laloue, instituteur-adjoint, Sceaux (Seine). 1
Lefèvre, instituteur, Châteaugontier (Mayenne), 2

MM.

Leroux, instituteur, La Haye-de-Calleville (Eure). 1
Lebastard, instituteur, Saint-Vict r d'Epine (Eure).
Lambord, instituteur, Saint-Aulais (Charente). 1
Lenoir, instituteur, Paris, école de la rue Dombasle. 2
Léonard, et les instituteurs et institutrices du canton de Menat (Puy-de-Dôme). 9
Lalance, instituteur-adjoint, Bourbonne-les-Bains (Haute-Marne). 1
Lefrancq, et les instituteurs du canton de la Ferté-sous-Jouarre (Seine-et-Marne.) 10
Lamaudière, instituteur, Neuilly-en-Dun (Cher), 1 50
Lalix, instituteur, Challignac (Charente). 1
Lafont, instituteur, Bavret (Charente). 1
Leguet, instituteur, saint Sigismond (Maine-et-Loire). 1,50
Langumier, instituteur, Etampes (Seine-et-Oise), 5
Le Hénaff, instituteur, Paimpol (Côtes-du-Nord). 2
Lefèvre, instituteur-adjoint, Ploye (Eure-et-Loir). 0,50
Lecomte, instituteur, Saint-Martin-des Champs (Seine-et-Oise). 5
Lefèvre, instituteur, Estrées-Saint-Denis (Oise). 1
Lupette, instituteur, à Dampleu (Aisne). 1
Lemarié, instituteur, à Loiron (Mayenne). 2
Labussière, instituteur, Saint-Eloi-de Gy (Cher). 0,50
Lorain, instituteur, Givardon (Cher). 1
Léculeur, instituteur adjoint, La Chapelle Saint-Laurent (Deux-Sèvres). 1
Lefèvre, instituteur, Dozulé (Calvados). 1
Lefrançais, instituteur, Bassoneville (Calvados). 1
Lemarchand, instituteur, Dives-sur-mer (Calvados). 1
Lamblin, instituteur-adjoint à Mollans (Haute-Saône). 0,50
Lamarche, instituteur à Andornay (Haute-Saône). 1
Laquionie, instituteur-adjoint à Nontron (Dordogne). 1
Lachaud, instituteur à Teyjat (Dordogne). 1
Leroy, instituteur à Orcsmaux (Somme). 1
Leconte, instituteur-adjoint à La Chaume (Vendée). 1
Loup, instituteur à Castres (Tarn). 2
Lalarderie, instituteur à Passirac (Charente). 1
Lescarcelle, instituteur à Gueudecourt (Somme). 1
Legros, instituteur à Nesle (Côte-d'Or). 1

MM.

Lesouef, instituteur à Saint-Ebrémond-de-Bonfossé (Manche). 1
Lesueur, instituteur à Paris, école de la rue Richomme. 2
Leroux, instituteur à Heudicourt (Eure). 1
Lemaire, instituteur à Paris, école de la rue de la Jussienne. 3
Loucheron, instituteur à Paris, école de la rue du Sentier. 1
Liodon, surveillant à l'école normale de Bourg. 0,50
Lorain, instituteur à Givardon (Cher) 2e versement. 0,50
Lassus, instituteur adjoint à Le Rhien (Haute-Saône). 1
Laffond, instituteur à Ban (Haute-Saône). 1
Leclerc, inst. à Chalaux (Nièvre). 1
Le Foll, ancien professeur à Paris. 3
Le Folcalvez, instituteur à Treglonou (Finistère). 2
Lagoguey, instituteur à Cougeville (Aube). 1
Lhotte, instituteur à Beaunay (Marne). 1
Lobbé, instituteur à Jouet (Cher). 1
Launey, inspecteur primaire et les instituteurs et institutrices du canton de Saint-Renan (Finistère). 12,50
Lestrade, instituteur-adjoint à Jussey (Haute-Saône). 1
Liéger, instituteur à Blondefontaine (Haute-Saône). 1
Laurent, instituteur à Ranicourt (Haute-Saône). 1
Lavel (pour un groupe d'instituteurs et d'institutrices du canton de Bussières-Badil (Dordogne). 15

M

Mercier, instituteur, Jaux (Oise). 1
Maudemain, chef d'institution Ployes (Eure-et-Loir). 2
Morard, instituteur, Paris, école de la place du commerce. 5
Marchal, instituteur, Paris, école de la rue Dombasle. 1
Marchais, professeur de dessin, école de la rue Saint-Charles. 1
Melfort, instituteur, Paris, école de la rue Saint-Charles. 1
Martet, instituteur, Paris, école de la place de Vaugirard. 2
Maître, instituteur, Paris, école de la place de Vaugirard. 1
Martin, instituteur, l'Hôpital (Lozère). 1
Meifredy, délégué cantonal du XVe arrondissement, Paris. 5
Maurin, instituteur, Soleyrols (Lozère). 1
Maricot, instituteur, à Neuville (Eure). 1
Magnien, instituteur, Fresnes (Haute-Eure). 1
Marchal, instituteur, Montcharvet (Haute-Marne).

MM.

Monneret, instituteur, Sainte-Julie (Ain). 1
Marchand, instituteur, Saint-Sorlin (Ain). 1
Martin, et les instituteurs du canton d'Hornoy (Somme). 15
Menget, et les instituteurs et institutrices du canton de Breteuil (Oise). 11
Menpiot, instituteur, Eu (Seine-Inférieure). 1
Morin, instituteur, Fontenay-sous-Fouronnes (Yonne). 2
Masson, instituteur, Dijon (pour un groupe de 15 instituteurs de la Côte-d'Or). 15
Milachon, instituteur, Guerchy (Yonne). 4
Mérier, instituteur, Marans (Charente-Inférieure). 5
Meslin, instituteur, Bronillet (Seine-et-Oise). 1
Michelis, instituteur, Thiévy (Alpes-Maritimes). 1
Michaux, instituteur, Fontenay-Saint-Père (Seine-et-Oise). 1
Maille, instituteur, Flacy (Yonne). 2
Maisonneuve, instituteur, Taing y (Yonne). 1
Morice, instit., Gorron, (Mayenne). 3
Marty, instituteur, Decazeville (Aveyron). 3
Morin, instituteur, Merry (Yonne). 5
Millot, instit., Tanlay (Yonne). 1 50
Mialin, instituteur, Forges-les-Bains (Seine-et-Oise). 1
Mettey, instit., Lacaune (Tarn). 1
Marchand, instituteur, Septeuil (Seine-et-Oise). 1
Moreau, instituteur, Arcis-sur-Aube (pour un groupe d'instituteurs du canton). 5
Minvielle, instituteur, Nousty (Basses-Pyrénées). 4
Maure, instituteur, Nonéau. 1
Morizet, instit., Sancoins (Cher). 4
Marquet, instituteur, Eyliac (Dordogne). 1 f.
Morancé, maître de pension, La Ferté-Bernard et MM. **Jarry** et **Méret**, maîtres-adjoints. 1
Magrin, instituteur, Champagnac (Dordogne). 1 f.
Montagne, instituteur, Bouchet (Vienne). 3 f.
Massé, instituteur, Audé-sur-Seine (Eure). 5
Maître, instituteur, Echarcon (Seine-et-Oise). 2
Marcellin, instituteur, Piégon (Drôme). 1
Martin, instituteur à Tanaron (Basses-Alpes). 1
Mory, professeur au collège de Lunéville. 2
Mesengny, instituteur à Auneuil (Oise). 2
Maciet, instituteur, Montesquiou (Gers). 12

MM.

Mélet, instituteur, Marmande 3
Mirabail, instituteur, Muret (Haute-Garonne). 5
Mortagne, instituteur, Merlerault (Orne). 1
Margeot instituteur-adjoint, Merlerault (Orne). 1
Moreau, instituteur, Sainte-Marie-de-Chignac (Dordogne). 1
Marambaud, Paris 1
Martin, secrétaire de l'inspection académique de la Somme. 5
Massias, instituteur, Neuvic (Dordogne). 1
Morel, instituteur, Port-sur-Saône (Haute-Saône). 2
Marceron, instituteur, Laforce (Dordogne). 1
Maupoix et les instituteurs du canton de Vaucouleurs (Meuse). 7
Moreau, instituteur-adjoint, Alfortville (Seine). 2 50
Morel, instituteur-adjoint, La Haye-Pesnel (Manche). 1 50
Martin, instituteur, Orgères (Eure-et-Loir). 1
Magdelaine et les instituteurs du canton de Montigny-sur-Aube (Côte-d'Or). 7 75
Michel, instituteur, Vallerargue (Gard). 2
Mauroy et les instituteurs et institutrices du canton de Sains (Aisne). 5 60
Marsanne, instituteur-adjoint, Manzat (Puy-de-Dôme). 2
Marnat, instituteur, Châteauneuf (Puy-de-Dôme). 2
Miouze, instituteur, Saint-Angel (Puy-de-Dôme). 2
Martigne, instituteur-adjoint, Charbonnières-les-Vieilles (Puy-de-Dôme). 1
Morin, instituteur, Châteaugontier (Mayenne). 1
Mottier, instituteur-adjoint, Châteaugontier (Mayenne). 2
Merlin, inst. Brionne (Eure). 1
Morin, instituteur, La Ferté-Villeneuil (Eure-et-Loir). 1
Maudry, instituteur, Morogues (Cher). 1,50
Monin, instituteur, Jussy-Champagne (Cher). 1
Mulot, instituteur-adjoint, Ourouër-les-Bourdelins (Cher). 1
Millot, instituteur-adjoint, Blet (Cher). 2
Maulard, instituteur, Ignol (Cher). 1 50
Mérigot, instituteur, Cornay-sur-Allier (Cher). 1
Marin et Bourdin, instituteurs-adjoints, Moncoutant (Deux-Sèvres). 1
Madeleine, instituteur, Danestal (Calvados). 1
Moncel, instituteur, Beuzeval (Calvados). 1

MM.

Morlon, instituteur à Saint-Symphorien (Indre-et-Loire). 1
Marey, instituteur-adjoint à Saint-Germain (Haute-Saône). 1
Mougeot, instituteur à La Neuvelle (Haute-Saône). 0,25
Matte, instituteur à Palante (Haute-Saône). 0,75
Mauchaussat, rue de Vaugirard, à Paris. 1
Marie, instituteur à Mézidon (Calvados). 1
Montigny, instituteur à Fleury (Somme). 1
Métayer, instituteur-adjoint aux Sables-d'Olonne (Vendée). 1
Maupetit, instituteur-adjoint aux Sables-d'Olonne (Vendée). 1
Mignet, instituteur au Château-d'Olonne (Vendée). 1
Ménager, instituteur à Vibrac (Charente). 1
Marty, instituteur à Castres (Tarn). 2
Moreau, instituteur à Mailly-la-Ville et M. l'instituteur d'Avigny (Yonne). 2
Mizot, instituteur à Paris, école de la rue de la Guadeloupe. 2
Mouflard, instituteur à Paris, école de la rue de Torcy. 2
Mériaux, instituteur à Paris, école de la rue des Poissonniers. 2
Ménot, instituteur à Paris, école de la rue de la Guadeloupe. 2
Martzloff, instituteur à Paris, école de la rue des Poissonniers. 2
Miellon, instituteur-adjoint à Aubenas (Ardèche). 1
Maris, instituteur à Bénagues (Ariège). 1
Morère, instituteur à Bonnac (Ariège). 1
Martineau, instituteur à Escosse (Ariège). 1
Mathieu, instituteur à la Vaivre (Haute-Saône). 0,50
Marais, instituteur à St-Palais (Cher). 1,50
Maire, instituteur à Torteron (Cher). 1
Martin, instituteur-adjoint à Frahier (Haute-Saône). 1
Marchand et les instituteurs du canton de Signy-le-Petit (Ardennes). 21
Martin, instituteur à St-Blaise (Vosges). 6
Mabire et les instituteurs du canton de Briquebec (Manche). 4,50
Maret, instituteur à Daon (Mayenne). 3
Moutot, instituteur à Montceaux (Aube). 0,30
Mauclair, instituteur à Mâchy (Aube). 0,50
Millard, instituteur à Aroncourt (Haute-Marne). 1
M. et Mlle Maire, à Torteron (Cher) 2e versement. 1
Maraval, instituteur à Augignac (Dordogne).

MM.

Marc, instituteur à Castres (Tarn). 2
Mauffrey, instituteur à Magny-Jobert, (Haute-Saône). 1
Maffre, instituteur à Castres(Tarn). 2
Morel, instituteur-adjoint à Jussey (Haute-Saône).
Mougin, instituteur à Demaugeville (Haute-Saône). 1
Marion, instituteur-adjoint à Passavant (Haute-Saône), 1
Mercier, instituteur à Doingt (Somme). 1,50
Montigny, instituteur à Cravant (Yonne). 2
Merigot, instituteur à Mornay-sur-Allier (Cher) 2º versement. 0,50
Morizet, instituteur à Sancoius (Cher) 1,50

N

Nioul, instituteur, Paris, école de la place de Vaugirard. 0,50
Nigoul, instituteur, Paris, école de la place de Vaugirard. 1
Naudin, instituteur, Alluy (Nièvre). 1
Naudin, instituteur, Viserny (Côte-d'Or). 2
Noirot, institut., Courlon (Yonne). 1
Nolet, instituteur, Creuzot (Saône-et-Loire). 5
Neveu, instituteur-adjoint, Alfortville (Seine). 2 50
Normand, instituteur, Bec Hellouin (Eure). 1
Nicod, instituteur Lyoffans (Haute-Saône). 0,25
Neau, instituteur aux Sables-d'Olonne (Vendée,.) 2
Nouvel, instituteur à Castres (Tarn),2
Nodin, instituteur à Lindry (Yonne). 2
Navarre, instituteur à Sabaillan (Gers). 2

O

Obaton, institut., Iville (Eure). 1 50
Orsolle, instituteur, Noailles (Oise). 1
Olivier, instituteur à Ronchamp (Haute-Saône). 1
Oudot, instituteur à Plancher-Bas (Haute-Saône). 1

P

Potay, instituteur, Paris, école de la rue Fondary.
Ponchont, instituteur, Paris, école de la rue Dombasle. 0,50
Ponchont, instituteur, Paris, école de la place de Vaugirard. 0,50
Privat, instituteur, La Vieillasse (Lozère). 1
Pantel, instituteur, Villeneuve (Lozère). 1
Parison, instituteur, Bourbonne-les-Bains (Haute-Marne). 1,50
Prouhet, instituteur, Genrupt (Haute-Marne). 1

MM.

Pignet, instituteur, Montebourg (Manche). 5
Petit, instituteur, Nogent (Haute-Marne). 1 50
Payelle, instituteur, Gury (Oise). 3
Prouvrelles, instituteur, Soisy-sous-Étiolles (Seine-et-Oise). 2
Prévost, instituteur, La Haye-Malherbe (Eure). 2
Piteux, instituteur, Métigny-Laleu (Somme). 1
Puissant, instituteur, Saint-Martin-du-Tertre (Seine-et-Oise). 1
Poullet, instituteur, Varennes-sur-Amance (Haute-Marne). 1
Pierre, instituteur, Chézeaux (Haute-Marne). 1
Paris, instituteur, Coiffly-le-Bas (Haute-Marne). 1
Petit, instituteur, Lavernoy (Haute-Marne). 1
Paturel, instituteur, Ageville (Haute-Marne). 2
Pingeot, instituteur, Saint-Pierre-les-Bitry (Oise). 1
Petit, instituteur, Amance (Haute-Saône). 2
Porcherot, instituteur, Saligny (Yonne). 1
Puiraveau, instituteur, Jarnac-Champagne (Charente-Inférieure). 1
Piquemal, instituteur, Monudet (Ariège). 1
Petitpied, instituteur, Ws (Seine-et-Oise). 1
Primaux, instituteur, Avranches (Manche). 2
Poiret, instituteur, Ricquebourg (Oise). 1
Perrin, instituteur, Châteaugiron (Ille-et-Vilaine). 1
Pichat, instituteur, Saint-André-le-Haut (Vienne). 3
Portier, instituteur, Void (Meuse). 1
Pascal, instit., Villebois (Drôme). 1
Petit, directeur de l'école normale de Limoges 10
Petit, instituteur, Cesseville (Eure). 1
Peauger, instituteur, à Daubeuf (Eure). 1
Proust, instituteur, Aubusson (Creuse). 2
Parrot, instituteur, Diou (Allier). 1
Poivet, instituteur, Louplande (Sarthe). 1 50
Paumier, instituteur, Montillot (Yonne). 5
Potin, instituteur, Pont-l'Abbé (Finistère). 3
Poulot, instituteur, Maubourguet (Hautes-Pyrénées). 2
Pascal, instituteur Montbrison (Drôme). 1
Pinet, institut., Calouzelle (Drôme). 1
Peuvrier, instituteur, Paris, école de la rue Chomel. 1
Puig, instituteur, Eyne (Pyrénées-Orientales). 1

4

MM.

Prégermain, instituteur, Cercy-la-Tour (Nièvre). 1
Pillon, instituteur, Saint-Sauveur (Oise). 1
Pineau, instituteur, Saint-Clément (Maine-et-Loire). 1,50
Plé, instituteur, Mée (Eure-et-Loire). 0,50
Perriot, institut., Rians (Cher), 1 50
Poupat, instituteur, Menetou-Salon (Cher). 1
Poisson, instituteur, Augy-sur-Aubois (Cher). 1
Pastureau, instituteur, Largeasse (Deux-Sèvres). 2
Ploquin, instituteur, Saint-Paul-en-Gâtine (Deux-Sèvres). 1
Pomé, instituteur à Labarthe-de-Neste (Hautes-Pyrénées). 2
Pech, instituteur à Belleserre (Tarn). 1,50
Plique, instituteur à Nandy (Seine-et-Marne). 2
Parent, instituteur-adjoint à Lure (Haute-Saône). 1
Pochard, instituteur à Magny (Haute-Saône) et Mme l'institutrice. 2
Pévoz, instituteur à Avelans (Haute-Saône). 0,50
Pauly, instituteur-adjoint à Nontron (Dordogne). 1
Peyronnet, instituteur à Le Bourdeix (Dordogne). 1
Pétrement, instituteur à Louvemont (Meuse). 1
Plessier, instituteur à Tartigny (Oise). 1
Poisson, instituteur à Augy (Cher), 2e versement. 0,50
Parisot, instituteur à Châtebier (Haute-Saône). 1
Paulvé, instituteur à Champignelles (Yonne). 1
Pothérat, instituteur à Javernant (Aube). 1
Protte, instituteur à Villery (Aube). 1
Pierrot, instituteur à Besancourt (Haute-Saône). 1
Prieur, instituteur à La Rochère (Haute-Saône). 1
Perret, instituteur à Echavanne (Haute-Saône). 1
Paradis, institut., Tarare (Rhône). 5
Plessier, instituteur, à Rocquencourt (Oise). 1
Perrad, instituteur, Orgelet (Jura). 2
Peyrusset, instit. à Castres (Tarn). 2
Pinel, instituteur à Paris, école de la rue Bourg-l'Abbé. 10
Patte, instituteur à Elincourt-Sainte-Marguerite (Oise). 1
Poinsart, instituteur à Saint-Eulien (Marne). 1
Privé, instituteur à Paris, école de la rue Aumaire. 3
Pruvot, instituteur à Paris, école de la rue Richomme. 2

MM.

Planques, institut., à Castres (Tarn). 2
Patenay, instituteur à Paris, école de la rue de Torcy. 2
Pierret, instituteur à Paris, école de la rue de Torcy. 0,50
Potet, instituteur à Bitry (Oise). 2
Pia, instituteur à Paris, école de la rue Etienne-Marcel. 3
Pranchoir, instituteur à Paris, école de la rue du Sentier. 1
Puybonnieux, instituteur à Paris, école de la rue du Sentier. 2
Poulard, instituteur à St-Jean-du-Falga (Ariège). 1
Prost, instituteur à Buellas (Ain). 0,50
Perrier, instituteur-adjoint à St-Denis (Ain). 0,50
Poirier, instituteur, Lagarde (Charente). 1
Poitou, instituteur, La Chaise (Charente). 1
Papot, instituteur, Malakoff (Seine). 5

Q

Quenet, instituteur, Sementron (Yonne). 1
Quilliatre, instituteur retraité, Villers (Ardennes). 2
Quatrevaux, instituteur, Carrouges (Orne). 2 50
Quesnel, instituteur, Saint-Léger-au-Bois. 1
Quesnel, instituteur, Francheville (Orne). 2
Quérité, directeur de l'école primaire supérieure d'Evreux. 3
Quintin, instituteur à St-Etienne des-Champs (Puy-de-Dôme). 5

R

Régimbeau, instituteur, Paris, école de la rue aux Ours. 10
Rouelle, instituteur, Paris, école de la rue Pouchet. 5
Ramon, instit., Chemilly (Yonne). 3
Rousseau, instituteur, Perrigny-lès-Auxerre (Yonne). 2
Robin, instituteur, Chéu (Yonne). 1
Robin, fils, instituteur, Soumaintrain (Yonne). 1
Robert, instituteur à Grignon (Côte-d'Or). 1
Renaud, instituteur, Saint-Martin-d'Ordon (Yonne). 5
Riquer, instit. Roisel (Somme). 3
Raillard, maître-adjoint à l'école normale d'Auxerre. 1
Roussin, instituteur, Montigny (Seine-et-Marne). 1
Rousseau, instituteur, Râteau (Yonne). 3
Rose, institut., Coutarnoux, (Yonne).
Réau, instituteur, Vouzeron (Cher). 2
Richard, instituteur à Audruicq (Pas-de-Calais). 2
Roussel, instituteur, Saint-Sauveur (Orne). 2 50
Robert, instit., Sambourg (Yonne). 5

MM.

Ruffié, instituteur-adjoint, Massat (Ariège). 1
Robin, instituteur, Dyé (Yonne). 2
Rives, instituteur, Sainte-Croix, (Ariège). 1
Rêve, instituteur, Dourdan (Seine-et-Oise). 1
Rambour, instituteur, Picquigny (Somme). 2
Robert, instituteur, Limoges, 3
Redeuilh, instituteur, Marcillac (Gironde). 2
Ruel, instituteur, Puy-Notre-Dame (Maine-et-Loire). 2
Roudier, instituteur-adjoint, Aubusson (Creuse). 1
Roussel, instit., Écouché (Orne). 2
Rafignon, instituteur, Paris, école de l'avenue Duquesne. 2
Rolland, instituteur, Palais (Belle-Ile-en-Mer). 5
Rouxel, instituteur-adjoint, Palais (Belle-Ile-en-Mer). 1
Rousseau, instituteur, Chevroches (Nièvre). 1 50
Rispail, instituteur, Contes (Pas-de-Calais). 1
Rémond et les instituteurs du canton de Sainte-Seine-l'Abbaye (Côte-d'Or). 13
Robillard, instituteur, Champigny (Seine). 5
Roussel, instituteur, Equevilley (Haute-Saône). 1
Roussel, instituteur, Chantemerle (Drôme). 1
Rouvière, instituteur, Grignan. 2
Rayrolle, instit., Orgelet (Jura). 0 50
Roussel, instituteur, Charbonnières-les-Vieilles (Puy-de-Dôme), 2
Ringeval, instituteur, Paris, école de la place du Commerce. 1
Renard, instituteur, Paris, école de la rue Lacordaire. 1
Rouvière, instituteur, Finiels (Lozère). 1
Royer et son adjoint, Coiffy-le-Haut (Haute-Marne). 2
Robert, instituteur, Vignolles (Charente). 1
Rigaut, instituteur-adjoint, Breteuil (Oise). 1
Raffignon, ancien instituteur, rédacteur au ministère des cultes. 5
Robillot, instituteur, Saint-Germain-du-Puy (Cher). 1 50
Roy, instituteur, aux Aix-d'Angillou (Cher). 1 50
Ramboz, instit., Avor (Cher). 1
Regnier, instituteur, Auffy (Cher). 1
Réau, instituteur, Neuvy-le-Barrois (Cher). 1
Roger, instituteur, Saint-Jouin (Calvados). 1
Robert, instituteur à Mollans (Haute-Saône). 1
Renaud, instituteur à Saint-Germain (Haute-Saône). 1

MM.

Reusse, instituteur, Beauvoir (Oise). 1
Rapin, instituteur à Roye (Haute-Saône). 0.50
Richard, instituteur à Val (Haute-Saône). 1
Rousseau, instituteur à Abjat (Dordogne). 1
Rigaux, instituteur à Conty (Somme) 1
Ravard, instituteur-adjoint aux Sables-d'Olonnes (Vendée). 1
Rességuier, instit. à Castres (Tarn). 1
Rouys, instituteur à Bordères-Louron (Hautes-Pyrénées). 1
Roques, professeur à Aubenas (Ardèche). 1
Roux, instituteur-adjoint à Aubenas (Ardèche). 0.50
Rieder, directeur de l'école alsacienne, à Paris. 10
Robert, instituteur à Paris, école de la rue de la Jussienne. 5
Rouquet, instituteur-adjoint à Pamiers (Ariège). 1
Respaud, instituteur à Labastide-de-Lordat (Ariège). 1
Rab, père, instituteur à Paris, école de la rue du marché Popincourt 1
Rab, fils, instituteur à Paris, école de la rue de Lavieuville. 1
Riotty, instituteur à Viriat (Ain). 1.50
Robillot, instit. à Saint-Germain-du-Puy (Cher) 2e versement 0.50
Renault, instituteur à Saint-Hilaire-de-Gondilly (Cher) 2e versement 1
Rouzeau, instituteur à Sagonne (Cher). 1.50
Robert, instituteur à Passavant (Haute-Saône). 1
Roy, instituteur à Bousserancourt (Haute-Saône). 1 50
Régnier, institu. tà Cuffy (Cher) 0 50
Roger, instituteur à Bouilly (Aube). 1
Ragonnet, instituteur à La Selle (Haute-Saône). 1
Rimey, instituteur à Lemont (Haute-Saône). 1

S

Simon, instituteur, Paris, école de l'avenue de la Motte-Picquet. 5
Sonnois, instituteur, Brosses (Yonne). 1
Sonnois, instituteur, Armeau (Yonne). 1
Simart, instit., Michery (Yonne). 2
Sucher, instit., Colligis (Aisne). 1
Saint-Étienne (de) instituteur à La Mothe (Deux-Sèvres). 1
Sem, instit., Mercenac (Ariège) 1
Sinet, instituteur, Francières (Oise). 1
Simonet, instit., Sougères (Yonne). 2
Suplice, instituteur, Quillebeuf (Eure). 1
Suplice (Eugène), instituteur-adjoint, Quillebeuf. 2
Souchard, instituteur, Champagne Mouton (Charente).

— 64 —

MM.

Souchard, instituteur, Benest (Charente). 1
Sancarrau, instituteur, Montmacq (Oise). 1
Simbozel, instituteur, Chevincourt (Oise). 1
Salé, instituteur, à Châtel-Censoir (Yonne). 3
Sylvestre, instituteur, à Jauldes (Charente). 1
Sauvanet, instituteur, à Issoudun (Creuse). 1
Sommet, instituteur, Merry-sur-Yonne (Yonne). 5
Simonne, instituteur, à Molières (Seine-et-Oise). 5
Soufflay, instituteur, à Champigny (Seine). 2
Soret, instituteur, Proulieu (Ain). 1
Siomboing, instituteur à Péronne (Somme). 5
Souquet père, instituteur à Nontron (Dordogne). 1
Souquet fils, instituteur à Saint-Martial (Dordogne). 1
Seillet, institut à Chirens (Isère) 0.75
Sainte-Marie, instituteur à Lavéraët (Gers). 1
Simonneau, instituteur à Lalande (Yonne). 1
Simonnet, instituteur à Behonne (Meuse). 1
Suc, instituteur à Castres (Tarn). 1
Soyer, instituteur à Neuilly (Seine) 10
Sentenac-Cazot, instituteur à Paris école de la rue Richomme. 2
Simon, instituteur à Paris, école de la rue de la Guadeloupe. 2
Sève, instituteur à Montagnat (Ain). 0.50
Serrurier, instituteur au Havre, école de la rue Dumé-d'Aplemont 5
Servat, instituteur, Villemoisan (Maine-et-Loire). 1,50
Soulié, instituteur, Puycalvel (Lot). 1
Saubagné, instituteur, Cisson (Landes). 1
Sausseau, instituteur, La Chapelle-Saint-Laurent (Deux-Sèvres). 1
Suzanne, instituteur, Gonneville-sur-Dives (Calvados). 3
Simon, instituteur à Beaumont-sur-Vesles (Marne). 1
Sautrot, instituteur à La Côte (Haute-Saône). 1

T

Troncet, instituteur, Buzançais (Indre). 1
Tissier, ancien instituteur, Esternay. 2
Tilmant, instituteur, Lille. 5
Thalon, instituteur, Laneuvelle (Haute-Marne). 1
Truchot instituteur, Saint-Anthot (Côte-d'Or). 1
Truchy, instituteur, Bleigny-le-Carreau. 2

MM.

Trabuc, instituteur, Forcalquier (Basses-Alpes). 1
Tanière, instituteur, Chastellux (Yonne). 2
Testu, instituteur, Joué-les-Tours (Indre-et-Loire). 3
Tuboin, instituteur, Anvers-le-Hamon (Sarthe). 1
Ternisien, instituteur, à Fécamp (Seine-Inférieure). 3
Tortochot, instituteur, à Soissons (Côte-d'Or). 1
Trouvé-Lacroix, Fresnay-sur-Sarthe (Sarthe). 3
Tredant, instituteur libre, Paris, au nom du groupe de Valesmes (Haute-Saône). 2
Tingaud, instituteur-adjoint, Aubusson (Creuse). 1
Taurel, instituteur, Monflanquin (Lot-et-Garonne). 3
Taffoureau, instituteur, Saint-Amand (Seine-et-Oise). 1
Trahard, instit., Longny (Oise). 2
Trézel, instituteur, Royallieu (Oise). 1
Trouvain, instituteur au Fayel (Oise). 0,50
Trézel, instituteur, Hémévillers (Oise). 1
Tulard, instituteur, Savigny-en-Septaine (Cher). 1
Talbot, instituteur, Gron (Cher). 1 50
Taillandier, instituteur, La Guerche (Cher). 1
Tailmite, instituteur, Grossouvre (Cher) 1
Thouvenin, instituteur-adjoint, Sancoins (Cher). 1
Tarogon, instituteur-adjoint, aux Coutiers (Deux-Sèvres). 1
Triguel, instituteur à Hercé (Mayenne). 5
Toutée, instituteur à Sainpuits (Nièvre). 1
Tachus, instituteur à Saint-Avit (Tarn). 2
Tommeret, instituteur à Paulmy (Indre-et-Loire). 1
Trémiot, instituteur aux Guerreaux (Saône-et-Loire). 3
Teillet, instituteur-adjoint à la Chaume (Vendée). 1
Tréhard, instituteur à Thorigné (Sarthe). 1
Tisserand, instituteur à Paris, école de la rue Richomme. 2
Taillefer, instituteur à Paris, école de la rue Pajol. 2
Tournier, instituteur à Paris, école de la rue de la Guadeloupe. 2
Tournier, instituteur à Saint-André-le-Panoux (Ain). 0,50
Trivaudey, instituteur à Pied-des-Côtes (Haute-Saône). 1
Tardivon, instituteur à Plainfas (Nièvre). 1
Taillandier, instituteur à La Guerche (Cher), 2e versement. 0,50

MM.

Tillier et les instituteurs du canton d'Hallancourt (Somme). 12
Trogneux, instituteur à Wavans (Pas-de-Calais). 2

V

Vinat, instituteur à Rioux (Charente-Inférieure). 2
Valade, instituteur à Lussas (Dordogne). 1
Vauquier, instituteur à Villers-Vicomte (Oise). 1
Vaïsse, instituteur à Navez (Tarn). 2
Valat, instituteur à Castres (Tarn). 2
Vernet, directeur de l'école primaire supérieure d'Aubenas (Ardèche). 2
Villepreux, instituteur à Blet (Cher) 2º versement. 1
Viénot, instituteur, Paris, école de la rue Fondary. 10
Valens, instituteur, Paris, école de la rue du Vieux-Colombier. 2
Voguez de Ger.
Virot, instituteur, Sury (Cher). 2
Vallée, instituteur, Bessé (Sarthe). 3
Viault, institut., Chailley (Yonne). 2
Verrier, instituteur, à Paris, école de la rue Chomel, 1
Vadier, instituteur, Périgny (Seine-et-Oise). 1
Vignon, institut., Loriol (Drôme). 1
Vissuzaine, institut. Saint-Valérien (Yonne). 3
Vialle, instituteur, Vars (Corrèze). 2
Villette, instituteur, Torcy (Aisne). 1
Vannier, instituteur, Fussy (Cher). 1
Villepreux, instituteur, Blet (Cher). 1
Vacelet, instituteur, Saint-Aignan (Cher). 1
Vacelet, instituteur à Saint-Aignan-des-Noyers (Cher), 2º versement. 0,50

MM.

Visse, instituteur, Paris, école de la rue Saint-Charles. 5
Vallée, instituteur, Barbézieux (Charente) et les instit. du canton. 16
Verdon, instituteur-adjoint, Guimps (Charente). 1
Vion-Delphin, instituteur, Bagnieu (Ain). 1
Vendangeat, instituteur, Serqueux (Haute-Marne). 1
Vigué, instituteur, Paris, école de la rue Lacordaire. 1
Voisin, instituteur, Courcelles (Côte-d'Or). 1
Viguier, instituteur, Maussans (Tarn). 1 50
Vanesse, instituteur-adjoint, Thumeries (Nord). 2
Viallard, instituteur, Viscomtat (Puy-de-Dôme). 1
Vassort, instituteur, Pierres (Seine-et-Oise). 5
Virgot, institut, Royaucourt (Oise). 2
Vernadet, instituteur, Quenilhe (Puy-de-Dôme). 1
Verdelet, instituteur, Saint-Éloi-de-Fourques (Eure). 1
Vernier (Delphin), instituteur-adjoint à Champagney (Haute-Saône). 1
Vernier (Édouard), instituteur-adjoint à Champagney (Haute-Saône). 1
Vejeux instituteur à Barges (Haute-Saône). 1
Viard, instituteur à Montecourt (Haute-Saône). 1
Wendelallère, instituteur, Saint Geyrac (Dordogne). 1
Willerval, institut., La Madeleine (Nord). 5
Wallet, instituteur, Origny Sainte Benoite (Aisne). 3

INSTITUTRICES

MMmes

Amand, institutrice, Gonneville-sur-Dives (Calvados). 1
Alary, institutrice, La Chapelle-Hugon (Cher). 1 50
Aymé, institutrice, La Chapelle-Saint-Étienne (Deux-Sèvres). 1
Auneau, institutrice, Paris, école de la rue Lacordaire. 1
Agard, institutrice à Saint-Estèphe (Dordogne). 1
Archambault, institutrice à Ignol (Cher). 1
Andrieux, institutrice à Paris. 5
Allard, institutrice à Champs (Yonne) 3
Arasté, institutrice à Hectomare (Eure). 2
Bréard, institutrice, Dives-sur-mer (Calvados). 1
Buchillet, institutrice à Brienon (Yonne). 10
Bertrand, institutrice, Paris, école de la rue Lacordaire. 1

MMmes

Bonnaud, institutrice, Saint-Palais-du-Né (Charente). 1
Bachisier (Juliette), institutrice à la Neuvelle (Oise. 1
Bachisier (Angèle), institutrice-adjointe à Montataire (Oise). 1
Bonhomme, institutrice à Castres 1
Bernard, institutrice-adjointe à Lure (Haute-Saône). 1
Berger, institutrice-adjointe à Lure (Haute-Saône). 1
Balland, institutrice-adjointe à Lure (Haute-Saône). 1
Berthod, directrice d'école maternelle à Lure (Haute-Saône). 2
Besançon, institutrice à Franchevelle (Haute-Saône). 1
Broutin, institutr. à Chigny (Aisne) 3
Bourgeois, institutrice à Paris, école de la rue de la Jussienne. 5
Brébant, institutrice à Paris, école de la rue de la Jussienne. 2.50

MMmes

Barthet, institutrice à Escosse (Ariège). 1
Bailly, institutrice à Paris, école de la rue Antoinette. 12
Bellessart, institutrice à Vernouillet (Seine-et-Oise). 2 50
Brille, institutrice à Semur (Côte-d'Or). 2
Buchillet, institutrice à Arc-et-Senans (Doubs). 3
Brouillet, institutrice à Villevieille (Gard). 10
Beautier, maîtresse de pension à Champigny (Seine). 10
Bourget, institutrice à Paris, rue Jouvenet, 27. 5
Bin, directrice de salle d'asile à Paris. 2
Bounon (Marie), institutrice à Paris 5
Bounon, (Marguerite), institutrice à Paris. 5
Bonnet, institutrice à Crosville (Eure). 3
Baré, institutrice à Thourotte (Oise). 1
Bled, institutrice à Paris (école de la rue Blomet). 5
Beautier, institutrice à la Varenne Saint-Hilaire (Seine). 5
Bussemey, institutrice à Auxon-les-Vesoul. 1
Bouloumoy, institutrice à Bayonne (Drôme). 1
Bedu, institutrice à Troissereux (Oise). 1
Cheverier, institutrice à Paris, école de la rue Chomel. 1
Chevrier, institutrice à Notre-Dame (Somme). 2
Canu, institutrice, Douville (Calvados). 1
Clément, institutrice, Allogny Cher) 1 50
Cœuret, institut., Sancoins (Cher). 5
Cagnat, Lespagnol et Tissier, institutrices-adjointes à Brienon (Yonne). 5 20
Clément, institutrice à Saint-Pantaléon (Drôme). 1
Cartinville institutrice à Eschilleuses (Loiret). 1
Champion, institutrice à Canappeville (Eure). 1 50
Cottelle, institutrice à Saint-Léger au bois (Oise). 1
Chazelle, institutrice à Paris, école de la rue Blomet. 5
Castanet institutrice à Montagrier (Dordogne). 1
Vve Clech, institutrice à Perros-Guirec (Côtes-du-Nord). 1
Cornil institutrice, Paris, école de la rue Dombasle. 5
Carle, institutrice à Vallan (Yonne). 4
Chrestia, institutrice aux Allemans (Ariège). 1
Chaudey, institutrice-adjointe à St-Germain (Haute-Saône). 1

MMmes

Carle, institutrice à Vallan (Yonne). 3
Châtelain, institutrice à la Neuvelle (Haute-Saône). 0,25
Capitaine, institutrice à Avelans (Haute-Saône). 0,50
Chatelet, institutrice à Quers (Haute-Saône). 1
Chambaraud, institutrice à Javerlhac (Dordogne). 1
Clochard, institutrice à Auguignac (Dordogne). 1
Mlle Cottin, directrice de salle d'asile à Cravant (Yonne). 2
Dublaisel, institutrice, Aix-d'Angillon (Cher). 1 50
Dorguin, institut., Baugy (Cher). 2 50
Dupéroux, institutrice, La Guerche (Cher). 1
Dantin, institutrice, Charly (Cher). 1
Delahaye, institutrice, Courbevoie (Seine). 1
Danton, institutrice, Paris école de la rue Poulletier. 2
Dubois, institutrice, Paris, école de la rue Chomel. 2
Devauchelle, institutrice, Paris école de la rue Chomel. 2
Devaux, institutrice, Taingy (Yonne). 10
Dubuisson, et les institutrices de la place de Vaugirard, Paris. 7
Dumas, institutrice, Saint-Médard (Charente). 1
Durand, institutrice à La Côte (Haute-Saône). 0,50
Dumas, institutrice à Lussas (Dordogne). 1
Duteix, institutrice à Saint-Front (Dordogne). 1
Diégo, institut. à Ussel-du-Lot (Lot). 2
Do, institutrice à Paris, école de la rue de la Jussienne. 2,50
Desmazière, institutrice à Paris, école de la rue de la Jussienne. 2,50
Ducommun, institutrice à Clairegoutte (Haute-Saône). 1
Delêtre, institutrice-adjointe à Caampagny (Haute-Saône). 1
Espagnac, institutrice, Lussan (Gard). 2,50
Ebran-Castillon, institutrice, Paris. 5
Espeut, institutr. à Castres (Tarn). 2
Faidherbe, institutrice à Larouxe (Meurthe et Moselle). 1
Fauveau, institutrice à Vanves (Seine). 1
Fauveau, institutrice-adjointe à Vanves (Seine). 2
Faure, institutrice à Ste-Croix (Dordogne). 1
Fargues, institutr. à Castres (Tarn). 2
Guillout, institutrice, Bléneau (Yonne). 10
Guyard, institutrice, Villeneuve l'Archevêque (Yonne). 5
Guillaumiée, institutrice, Atur (Dordogne). 1

MMmes

Grémion, institutrice à Paris, école de la rue Poulletier 2
Gaudefroy, institutrice, Longueil-Armel. 1
Gollière, institutrice, Lagny (Seine-et-Marne). 5
Goïc, institutrice-adjointe, Perros-Guirec (Côtes du Nord). 1
Geffroy, institutrice au Port Côtes-du-Nord). 1
Goubeaux, institutrice, Paris, école de la rue Lacordaire. 5
Girard, institutrice, Mézilles (Yonne). 5
Gourlaud, institutrice, Angeduc (Charente). 1
Galy, institutrice à Oms (Pyrénées-Orientales). 1
Galmiche, sous-directrice d'école maternelle à Lure (Haute-Saône) 1
Gavoille, institutrice à Magny-Vernois (Haute-Saône). 1
Girardot, institutrice à Malbouhans (Haute-Saône) 1
Gaches, institutrice à Castres (Tarn). 2
Gatel, institutrice à Paris, école de la rue de la Jussienne. 2.50
Guinault, rue Claude-Bernard, à Paris. 20
Gensterbloëm, institutrice à Mornay-Berry (Cher). 1
Giraud, institutrice, Lagnieu (Ain). 1
Groscolas, institutrice à Ronchamp (Haute-Saône). 1
Gaussin, institutrice à Plancher-les-Mines (Haute-Saône) 2
Girault, institutrice à Sagonne (Cher). 1
Heude, institutrice, Beuzeval (Calvados). 1
Héroult, institutrice, Asseneville (Calvados). 1
Herl, institutrice, Paris, école de la rue Lacordaire.
Hébert, institutrice, Breteuil-sur-Iton (Eure). 2
Illiet, institutrice, Neuilly-en-Dun- (Cher).
Julien, institutrice, Chassy (Cher). 1
Jouatte, institutrice, Flavigny (Cher). 1 50
Jeanroy, institutrice, Paris, école de la place de la Mairie. 2,50
Jacquinet, et les institutrices de la rue de Vaugirard, 149, Paris. 9
Juette, institutrice, Paris, école de rue Lacordaire. 1
Jouin, institutrice à Saint-Martin-le-Pin (Dordogne). 1
Jeanvoine, institutrice à Briancourt (Haute-Saône). 1
Jouassand, institutrice, Montreuil (Seine). 2
Jones, sous-directrice de salle d'asile, Paris. 2
Jolivet, institutrice à Bourg-la-Reine (Seine). 3

MMmes

Knappe, institutrice, Levallois-Perret (Seine). 5
Kuntz, institutrice, Paris, (école de la rue Lhomond). 3
Leclerc, institutrice, Paris, école de la rue Blomet. 20
Lardeur, institutrice, Paris, école de la rue Blomet. 5
Lacroix, institutrice, Pont-de-Vaux (Ain). 2
Lespagnol, institutrice, Villiers, Louis (Yonne). 1
Lécole, directrice de salle d'asile, Paris. 10
Lallemand, institutrice, à Viot (Eure). 3
Leymarie, (Vve) institutrice, Cussac (Dordogne). 2
Langumier, institutrice, Nérondes (Cher). 1
Lanéry, institutrice, Paris, école de la rue Dombasle. 1
Sœur Lucotte, institutrice à Moffans (Haute-Saône) 1
Lassus, institutrice à St-Germain (Haute-Saône). 1
Lastouillat, institutrice à Teyjat (Dordogne). 1
Lacroix, institutrice à Pont-de-Vaux (Ain). 2
Landes, institutr. à Castres (Tarn). 2
Lapeyre, institut. à Castres (Tarn). 2
Lemoine, institutrice à Verdun (Meuse). 5
Loigerot, institutrice adjointe à Granges-Godey (Haute-Saône). 1
Loriot, institutrice à Dun-les-Places (Nièvre). 5,25
Le Foll, institutrices à Paris. 2
Lobbé, institutrice à Givardon (Cher). 1
Maire, institutrice, Torteron (Cher). 1
Meunier, institutrice, Cloyes, (Eure-et-Loir). 1 50
Mestries, institutrice, Paris, école de la rue Dombasle. 1
Morizot, institutrice, Damrémont (Haute-Marne). 1
Maubert, institutrice à Villabon (Cher). 1
Mallet, institutrice à Pourrain (Yonne). 5
Moras, institutrice à Urcuit (Basses-Pyrénées). 1
Mégret, institutrice, Paris, école de la rue Chomel. 5
Mégret, institutrice, Paris, école de la rue Chomel. 2
Maisonneuve, institutrice, Taingy (Yonne). 1
Morel, institutrice, Pont l'Abbé (Finistère). 1
Moreau, institutrice, Sainte-Marie-de-Chignac (Dordogne).
Matheron, institutrice, Chamaret (Drôme). 1
Michon, institutrice à Champagney (Haute-Saône) 1

MMmes

Noël, institutrice, Chelles (Seine-et-Marne). 5
Nicolle, instit., Treigny (Yonne). 5
Nardin, institutrice, Equevilley (Haute-Saône).
Noël, institutrice-adjointe à Lure (Haute-Saône). 1
Oudot, institutrice en congé à Plancher-Bas (Haute-Saône). 1
Poulain de la Fosse, institutrice, Issy (Seine). 10
Perrault (Jeanne), institutrice, Paris, école de la rue de l'Arbalète 5
Pélisson (Suzanne), ex-institutrice, Izenarde (Ain). 2
Pacaud, institutrice-adjointe, Vanves (Seine). 2
Pascal, institutrice, Montbrison (Drôme).
Pellet, institutrice adjointe, Saint-Claude-de-Diray (Loir-et-Cher). 2
Potier, institutrice, Jouet-sur-Aubois (Cher).
Pélissier, institutrice, Pont-de-Montvert (Lozère). 1
Penard, institutrice, Saint-Bonnet (Charente). 1
Péret, institutrice à Villequiers (Cher) 2e versement. 0,50
Pech, institutrice à Cahuzac (Tarn). 1,50
Peyronnet, institutrice à Le-Bourdeix (Dordogne). 1
Poirée, institutrice à Ameauvilliers (Oise). 1
Plaisir, institutrice à Cravant (Yonne). 1
Quément, institutrice, Ploumanach (Côtes-du-Nord). 1
Rochegude, institutrice, Verneuil (Seine-et-Oise). 3
Rzepecka, institutrice, (Villeneuve-sur-Yonne). 5
Richaude, institutrice, Salles (Drôme), 1
Roure, institutrice, Pont-de-Montvert (Lozère). 1
Richard, institutrice, Vialas (Lozère). 1
Roussel, institutrice à Gonesse (Seine-et-Oise). 5
Robin, institutrice à Dracy (Yonne) 2e versement. 3
Regimbeau, institutrice à Paris, rue de la Jussienne. 2,50

MMmes

Rab, institutrice à Paris, école de la rue Folie-Méricourt. 1
Rayrolle, institut. à Onoz (Jura). 50
Renvozé, institutrice, Questemberg (Morbihan). 5
Rozé, institutrice à St-Jean-de-Bonneval (Aube). 0,75
Rouhier, institutrice à Cravant (Yonne). 2
Sommet, institutrice, Merry-sur-Yonne (Yonne). 5
Sardin, institutrice à Paris, école de la rue de la Motte-Picquet. 2
Seuillerot, institutrice, Paris, école de la rue Dombasle. 1
Souquet, institutrice-adjointe à Nontron (Dordogne). 1
Souquet, institutrice à Saint-Martial (Dordogne). 1
Thierrard, institutrice, Paris, école de la rue Dombasle. 1
Tuffot, institutrice, Paris, école de la rue Lacordaire 1
Thomas, institutrice à Nontron (Dordogne). 1
Trannoy, institutrice à Gravelle (Seine). 1
Toudy, institutrice à Paris, école de la rue Jussienne 2,50
Turlure, institutrice, Levallois-Perret (Seine). 5
Vallade, institutrice, Guimps (Charente). 1
Van den Brune, institutrice, Paris, école de la rue Dombasle. 2
Voulot, institutrice à Lure (Haute-Marne). 2
Vivier, institutrice à Paris, école de la Cour-des-Miracles. 5
Venangeon, institutrice, Saint-Claude-de-Diray (Loir-et-Cher). 3
Vialle, institutrice, Paris, école de la rue Violet. 5
Vidau, institutrice, Paris, école de la rue Laugier. 3
Viard, institutrice, Vanves (Seine). 2
Vallet aînée, institutrice, Chailley (Yonne). 3
Vallet (Blanche), institutrice, Bazarmes (Yonne). 3
Viallard (Jeanne), institutrice, Vicomtat (Puy-de-Dôme).

Châteauroux. — Typographie et Stéréotypie A. MAJESTÉ.

Librairie PICARD-BERNHEIM et Cie, 11, rue Soufflot. Paris

MÉTHODE NATIONALE
D'ÉCRITURE
PAR
A. P. DE LAMARCHE
Délégué de l'Association des Membres de l'Enseignement, Officier d'Académie

Cahiers à 5 centimes
Contenant des notions de **Morale** et d'**Instruction civique**

Ces cahiers sont imprimés en *taille-douce*, en bleu, sur très beau papier. L'exposé ci-dessous montre l'idée qui a présidé à cette publication toute patriotique et dont tous les exemples répondent aux besoins de l'enseignement nouveau.

EXPOSÉ DE LA MÉTHODE

N° 1, ÉCRITURE DE 5 MILL.
Exercices préparatoires.

N° 2, ÉCRITURE DE 5 MILL.
Exercices préparatoires, récapitulation, lettres ovales, chiffres.

N° 3, ÉCRITURE DE 4 MILL.
Exercices de récapitulation, étude des boucles supérieures et inférieures, mots, petites phrases morales, alphabet, chiffres.

N° 4, ÉCRITURE DE 4 MILL.
Mots, phrases morales, devoirs de l'enfant, etc., etc.

N° 5, ÉCRITURE DE 3 MILL.
Majuscules, noms d'hommes illustres, phrases patriotiques, chiffres romains, etc., etc.

N° 6, ÉCRITURE DE 3 MILL.
Biographies d'hommes illustres, exemples de patriotisme, etc.

N° 7, ÉCRITURE DE 2 MILL.
Morale civique, droits et devoirs de l'enfant, la famille, la patrie, etc.

N° 8, ÉCRITURE DE 2 MILL.
Instruction civique, les impôts, le commerce, les tribunaux, les juges de paix, etc.

N° 9, ÉCRITURE DE 1 MILL. 3/4
Instruction civique, organisation administrative de la France, les fonctionnaires, le maire, le sous-préfet, les conseillers municipaux et généraux, les députés, les sénateurs, les ministres, le chef de l'État, etc.

N° 10, ÉCRITURE DE 1 MILL. 1/2
Les droits et les devoirs du citoyen, les bienfaits de la Révolution, le suffrage universel, les électeurs et les élections, etc.

Chaque cahier, format oblong, est composé de 16 pages tracées et imprimées en bleu avec soin

PRIX : LE CENT AVEC REMISE. . . . . . . 5 fr.

Méthode adoptée pour les écoles de la ville de Paris.

Librairie **PICARD-BERNHEIM et C**ie**, 11, rue Soufflot. Paris**

ÉCRITURE

MÉTHODE REVERDY

CONDUISANT RAPIDEMENT

A une bonne expédiée commerciale

ET RÉFORMANT EN PEU DE TEMPS

LES ÉCRITURES DÉFECTUEUSES

Autorisée par décision ministérielle pour les écoles publiques ; honorée du prix unique pour les méthodes à l'exposition scolaire de l'Aude, de 2 diplômes d'honneur, de 2 médailles d'argent, etc. ; recommandée par un grand nombre d'inspecteurs d'Académie et de l'Enseignement primaire ; portée sur la plupart des listes départementales ; adoptée spécialement pour les écoles des villes de Paris, Lyon, Bordeaux, Marseille, Rouen, Toulouse, Nantes, Montpellier, le Havre, Limoges, etc., etc., et par les principaux établissements d'instruction publique.

> La méthode REVERDY vient d'être entièrement revue par l'auteur ; elle est gravée et imprimée en taille-douce, avec les plus grands soins ; très bon papier et couvertures fortes.

Par sa pente peu inclinée et par la **rondeur des lettres**, l'écriture de nos cahiers se rapproche beaucoup de l'ancienne écriture française ; mais elle a, sur cette dernière, l'avantage de pouvoir arriver à une **expédiée bien plus rapide** et d'être **aussi lisible** ; elle n'oblige pas à l'emploi d'une plume particulière, néanmoins, dans l'intérêt des **maîtres** et des **progrès des élèves**, nous devons recommander les plumes fabriquées *spécialement* pour la méthode Reverdy.

La Méthode comprend **10 cahiers**. Chaque cahier est composé de 20 pages tracées et imprimées avec calques en bleu, plus la couverture. — Prix du cent, (avec remise). . . . . **9 fr.**

N. B. — Les 10 cahiers sont envoyés franco contre **0,75** c. en timbres-poste.

Librairie PICARD-BERNHEIM et Cie, 11, rue Soufflot, Paris

HISTOIRE DE FRANCE
(COURS MOYEN)

SOMMAIRES. — RÉCITS. — RÉSUMÉS. — NOTES.
EXERCICES ORAUX ET ÉCRITS — DEVOIRS POUR LE CERTIFICAT D'ÉTUDES
85 GRAVURES ET CARTES

PAR EDGAR ZEVORT

Ancien élève de l'École normale supérieure, agrégé d'histoire,
docteur ès lettres, inspecteur d'Académie à Paris

En histoire, surtout dans une histoire destinée à des enfants, il importe beaucoup moins de tout dire que de ne rien oublier d'essentiel ; à raconter par le menu des guerres longues et monotones, à insister avec force détails sur certaines périodes dépourvues d'intérêt, on risque de lasser sans aucun profit l'attention des élèves. Nous ne craignons pas d'affirmer que l'auteur a évité cet écueil.

Spécimen des gravures.

On trouvera seulement, dans les *sommaires* qui figurent en tête de chaque chapitre, l'indication des principaux événements, et, dans les *récits* multipliés à dessein, la physionomie des différentes époques, le portrait des grands hommes qui ont marqué dans notre histoire, et aussi les beaux exemples de courage, de patriotisme, de vertus civiles, si fréquents dans nos annales. Les *notes* complètent par des indications chronologiques et biographiques ce qui peut manquer aux sommaires et aux récits.

1 beau vol. in-12, cartonné. 1 20
Cours élémentaire et Cours supérieur (sous presse).

Librairie PICARD-BERNHEIM et Cie, 11, rue Soufflot, Paris

BUSTE DE LA RÉPUBLIQUE
Par M. CADOUX, sculpteur

ÉDITÉ

SOUS LE PATRO-

NAGE

DE

M. Paul BERT

Magnifique buste en plâtre de 80 c. de hauteur. Prix.. 35 fr.
Console ornée, en plâtre, en sus....... 7 fr.

TRAITÉ PRATIQUE DE COMPTABILITÉ
SUIVI D'UN
VOCABULAIRE DES EXPRESSIONS COMMERCIALES
A L'USAGE DE TOUS LES ÉTABLISSEMENTS D'INSTRUCTION PUBLIQUE

PAR M. HENRI MEIFREDY

Caissier de la Société Anonyme des anciens Établissements Cail, Délégué cantonal de la Seine

Un volume in-8, broché .... 2 fr.

Ouvrage adopté par M. le Ministre de l'instruction publique pour les Bibliothèques scolaires et populaires, approuvé par la Société des Instituteurs et Institutrices de la Seine, autorisé pour les cours professionnels, écoles industrielles, etc.

Du même auteur, pour paraître très prochainement:

LA COMPTABILITÉ ENSEIGNÉE DANS TOUTES LES ÉCOLES DE FRANCE
BROUILLARD — JOURNAL
GRAND-LIVRE - CAISSE - EFFETS A RECEVOIR ET A PAYER

5 Cahiers avec modèles et texte explicatif, renfermés dans un carton.

Librairie **PICARD-BERNHEIM** et Cie, 11, rue Soufflot. Paris

MÉTHODE CUISSART

ENSEIGNEMENT PRATIQUE ET SIMULTANÉ
DE LA LECTURE, DE L'ÉCRITURE
ET DE L'ORTHOGRAPHE
PAR M. E. CUISSART
Membre du Conseil supérieur de l'Instruction publique
Inspecteur primaire à Paris

PREMIER LIVRET

Étude des lettres et de leurs combinaisons simples. 1 joli volume in-16, contenant 35 gravures, cartonné... » **40**

DEUXIÈME LIVRET

Étude des sons et des articulations composés. 1 joli volume in-16, contenant de nombreuses gravures, cartonné...... » **50**

TROISIÈME LIVRET

Lectures courantes enfantines. Devoirs des enfants; la famille; la patrie; l'école; leçons de choses; instruction civique; *exercices de grammaire; devoirs oraux et écrits*. Nombreuses gravures. 1 vol. in-12 (sous presse) .. » »

De l'étude mécanique de la lecture. Conférence pédagogique sur les diverses méthodes de lecture. 2ᵉ édition. In-12, broché .... » **60**

Librairie PICARD-BERNHEIM et Cie, 11, rue Soufflot. Paris

BONS POINTS-BERNHEIM
(Brevetés s. g. d. g.)
NOUVELLES RÉCOMPENSES SCOLAIRES
Par A. P. de LAMARCHE
OFFICIER D'ACADÉMIE

Auteur de la *Méthode nationale d'Écriture*, du *Cahier unique*,
du *Sommaire quotidien des devoirs et leçons scolaires*,
du *Carnet de correspondance*, etc.

Huit feuilles contenant chacune 60 portraits, avec notices historiques au verso; impression sur carte très-forte, en couleurs assorties; prix de la feuille . . . . » 25

Aux images banales, aux bons points insignifiants, nous avons voulu substituer des sujets historiques, des biographies de Français illustres. L'expérience a prouvé que nos bons points sont un excellent moyen d'émulation et qu'ils intéressent et amusent les enfants, en développant chez eux le goût de l'instruction.

Recto   *Verso*

HOCHE (Lazare).
Né à Montreuil, près Versailles, le 25 Juin 1768, Mort au camp de Wetzlar (Prusse) le 28 sept. 1797.
L'un des plus célèbres généraux de la République. Soldat à seize ans — général de brigade à vingt-quatre — mort à vingt-neuf.
Hoche commanda d'abord l'armée de la Moselle, battit les Autrichiens en 1793. Chargé après le 9 thermidor du commandement d'une des armées de l'ouest, il pacifia la Vendée. Envoyé à l'armée de Sambre-et-Meuse il franchit le Rhin, gagna trois batailles en quatre jours; sa marche glorieuse fut arrêtée par le traité de Léoben.
P. Bernheim et Cie édit. brevetés.

Châteauroux. — Typ. et Stéréotyp. A. MAJESTÉ.

www.ingramcontent.com/pod-product-compliance
Lightning Source LLC
LaVergne TN
LVHW051456090426
835512LV00010B/2181